SALZ
Zucker

Viel Freude beim Kochen

wünscht Ihnen Ihr

Peter Scharff

Rügen schmeckt

Rezepte von Küchenmeister Peter Knobloch

Fotografien von Lutz Grünke

2005
rügendruck putbus

Die Deutsche Bibliothek – CIP-Einheitsaufnahme

Knobloch, Peter:
Rügen schmeckt: Rezepte von Peter Knobloch/Peter Knobloch. –
Mit Fotografien von Lutz Grünke. – 2. Aufl. – Putbus auf Rügen: rügendruck putbus, 2005
ISBN 3-9808999-7-7

Circus 13, 18581 Putbus auf Rügen
2. Auflage 2005
Redaktion der 2. Auflage: Christina Knobloch
Illustrationen: Kathrin Grünke
Layout und Satz: Lutz Grünke
Gesamtherstellung: rügendruck putbus

Gedruckt auf chlorfrei gebleichtem Papier

Printed in Germany

Das Porzellan ist eine Sonderanfertigung, die Kathrin Grünke für Peter Knobloch unter Verwendung der Motive ihrer Künstlertassenkollektion „Die Schöne und das Tier“ auf Arzberg Porzellan gearbeitet hat.
Die Idee wurde mit Unterstützung durch die Arzberg Porzellan GmbH realisiert.
Die Künstlertassenkollektion „Die Schöne und das Tier“ ist im Fachhandel erhältlich.

ISBN 3-9808999-7-7

Über Peter Knobloch

Überraschenderweise stürzen sie nicht ab. Ein von wenigen beobachetes Phänomen. Vögel, welche über einem fahrenden Schiff vor den Aufbauten scheinbar an unsichtbaren Fäden hängen, Stunde um Stunde ohne Flügelschlag im Himmelblau schweben. Wenn die Vögel jedoch, wie der Erzähler versichert, eine Flügelspanne von 4 (vier) Metern aufweisen, droht das Bild in das Reich des Seemannsgarnes zu kippen. Und, so der fabulierende Peter Knobloch, niemals überfliegen die Albatrosse auch Mollymauk oder Eislöwen genannt, den Äquator nach Norden.

Damit fing alles an

Die englische Königin soll laut Knobloch dem einen Preis zuerkennen, welcher das Gegenteil beweist...

Von den Albatrossen gelangt er schnell, mit wachsender Begeisterung, zu Riesenwellen und geheimnisvollen Begegnungen im Roten Meer...

So oft die Zauberworte fallen – Peter Knobloch legt los. Dann ist er auf dem Ozean, und weit, weit weg scheint sein momentaner Arbeitsplatz. Damals ein schwankender, heute ein fester. Genau so habe ich vor einigen Jahren den Koch, wen wundert es, wiederum bei einem Koch kennen gelernt. Als einen großen Jungen. Einen Mann mit entschlossenem Auftreten, staunenden Augen und einem munter sprudelnden Erzählwerk. Selbstredend arbeitet er, wie ich, immer. Schnitt.

Plötzliches Fernsehbild. Da ist eine grüne Wiese. Darauf mehrere schreitende, suchende Menschen in weißen Schürzen. Einige mit Körbchen. Der Meister ist in seinem Element, bückt sich und hält ein Pflänzlein in die Kamera: Tripmadam, Giersch oder gar Strandportulak. Er erzählt mit zwingender Logik von den darinnen verborgenen Aromen.

Wieder tut sich ein Land der Wunder auf...

Peter Knobloch der Koch.

Der bewegt sich auf dem Boden der Tatsachen. Und Tatsache ist, dieser Mensch ist auch ein zutiefst zartbesaiteter – ein Künstler. Ein Mann der Kunst, welcher suchend und letztendlich sicher die Dinge der Welt zu einem Gaumenfest in Permanenz ordnet.

Schnitt.

Vieles, vieles wäre zu benennen – doch ab jetzt kein Wort MEER...

Otto Sander Tischbein
Maler, Graphiker und Freund

Einladung, vom Frühling zu träumen...

Und jedem Anfang liegt ein Zauber inne,
der uns beschützt
und der uns hilft zu leben.

(Herrmann Hesse)

Kann man diesem Zauber widerstehen?
Blühende Wildpflaumenbäume, flatternde Schmetterlinge und singende Drosseln verwandeln die Natur in eine entzückende Kulisse.
Wie lange haben wir darauf gewartet.
So oft haben wir heimlich und vergebens nach den ersten Frühlingsboten Ausschau gehalten.
Wie klug die Natur doch ist. Immer wenn wir nach einem viel zu langen Winter auf unserer Insel an ihr zu zweifeln beginnen, schickt sie uns ein freundliches Lächeln. Einen ganzen Park voll kleiner gelber Winterlinge und Schneeglöckchen, Krokusse in allen Farben, verwilderte Narzissen auf geschützten Wiesen und jeder Menge aromatischer Wiesenkräuter. Die Sehnsucht nach Wärme und Farbe verwandelt sich mit den ersten Blüten in große Vorfreude. Frisch und zart präsentieren sich die ersten „kulinarischen Träume in Frühlingsgrün" auf unserer Kräuterwiese. Eigentlich dürften sie am Anfang noch etwas größer werden, aber der Frühling toleriert unbekümmerte Ungeduld. Jetzt geht es endlich los! Unser Körbchen ist mit den ersten Trophäen gefüllt: Mauerpfeffer, Sauerampfer, Giersch, Gundermann, Wiesenkerbel, Duftveilchen, Ackerstiefmütterchen, Fetthenne, wilde Rauke und das vitaminreiche und quittegelb blühende Scharbockskraut.
Und damit noch nicht genug. Im nahen Wald finden sich die lang ersehnten Frühlingsmorcheln, deren animalischer Duft unwiderstehlich ist. Aber er ist nicht leicht zu entdecken, inmitten grauen Laubes hält er sich gut versteckt. Wir haben den köstlichen Geschmack des uns bevorstehenden Morchelsüppchens schon fast auf der Zunge.
Der wilde Spargel lässt auch nicht mehr lange auf sich warten. Ungeduldig wird in den dürren Stauden des vergangenen Jahres gestöbert,

deren sonnige Standorte uns bestens bekannt sind. Es fällt schwer, die ersten weißbläulichen, saftigen und knackigen Spitzen nicht gleich vor Ort zu vernaschen. Aber auch die Aussicht auf ein köstliches Spargelgericht ist sehr verlockend.

Bei der Ernte des wilden Knoblauchs im Park der Residenzstadt Putbus haben wir es leichter. Der Boden ist über und über von den lindgrünen Blättern des zarten Bärlauchs bedeckt. Seit ein paar Jahren kann ein Claim von der Stadt gepachtet werden, so ernten wir nun stolz, hoch erhobenen Hauptes, auf unserem „Grundstück auf Zeit".

Fangen die Blätter an, sich einzuziehen, entfalten die Blüten ihren Liebreiz. Sie ähneln Schneekristallen, und ihr Geschmack ist sanfter als das Blatt. Eine Zierde für jeden Wildsalat.

Auf den Märkten lässt sich jetzt auch schon das erste Frühjahrsgemüse ergattern. Frühlingszwiebeln, junger Spinat, zarte Zuckerschoten, noch fast zu dünne, aber knackige Möhrchen. Nicht zu vergessen der Rhabarber, der sich in so manchem Dessert als Obst entpuppt.

Flusskrebse sind eine persönliche Liebhaberei von uns. Jetzt ist ihre Zeit, denn ab einer Wassertemperatur von 10 °C sind sie zu haben. Das gleiche gilt für den so wohlschmeckenden Ostseedorsch. Kaltes Wasser verleiht ihm eine besonders gute Qualität. Sein Geschmack ist rein und sein Fleisch von fester Konsistenz.

Aber der Frühling lässt sich auch in Gläsern einfangen. Frischer Silvaner in einer Karaffe auf Eis gestellt und eine halbe Stunde ein leicht angewelktes Sträußchen Waldmeister eingehängt, ergibt einen Aperitif, der, besonders im Garten mit Freunden getrunken, Frühlingsstimmung in alle Herzen und auf alle Gaumen zaubert.

Der Höhepunkt des Frühlings auf Rügen ist ein Feuerwerk an Farben, in dem man schwelgen kann. Alles erstrahlt in Mohnrot, Kornblumenblau, Kamilleweiß und vor allem Rapsgelb. Unsere berühmten Rapsfelder, umgeben vom Meer, bieten einen überwältigenden Anblick. An stillgelegten Kulturlandschaften kann man auch den verwilderten Raps finden. Er ist nicht nur als Blüte auf Salaten dekorativ und wohlschmeckend, sondern seine zarten Blätter ergeben auch einen würzigen Spinat. Jetzt tun die Bienen ihr Werk. Es ist Zeit für sie, die „Rapsernte" einzubringen – Rapsblütenhonig. Er ist eine delikate Basis für Eiscreme und feine Zutat für Dressings und Saucen. Unsere Imker sind sich dessen wohl bewusst und hüten ihre Schätze.

Auch die Blüte des Wiesenkerbels ist für uns ein Fest für die Sinne. Die überschäumenden Ränder der Alleen sind von einer wunderbaren Leichtigkeit, und die blühenden Holunderbüsche tragen diese Leichtigkeit mit ihrem betörenden Frühsommerduft weiter.

Salatteller
Kräutersträußchen mit Tomatendressing

Zutaten für 4 Personen

Salatbukett
2 vollreife Gartentomaten
1 Salatgurke
8 Radieschen
12 Blätter Schnittsalat
(oder 1 kleiner Salatkopf)
Meersalz
Pfeffer aus der Mühle

Wiesenkräuter
Vogelmiere, Sauerampfer, Giersch, Schafgarbe, wildes Karottengrün, Wiesenkerbel, Klee, Malvenblätter, Melde, Spitzwegerich

Blüten
Gänseblümchen, Lein, Malve, Ackerstiefmütterchen, Glockenblume, Blüte des Borretsch, Kapuzinerkresse, Ringelblume, wilde Wicke

Dressing
2 vollreife Tomaten
1 Schalotte
30 ml Balsamessig
10 g Honig
100 ml Rapsöl, kalt gepresst
Salz
Zucker
Pfeffer aus der Mühle

KRÄUTERSTRÄUSSCHEN

Alle Gartengemüse und der Salat werden als Basis locker angerichtet. Tomate und Gurke hierbei mit Salz und Pfeffer würzen. Mit den Kräutern ein schönes Bukett formen. Hierbei zuerst die größeren Blätter einarbeiten. Die Blüten lassen das Salatbukett dann zu einem duftigen „Sträußchen" werden.

TOMATENDRESSING

Tomaten und Schalotte in Würfel schneiden und mit Balsamessig, Salz, Zucker, Pfeffer und Honig in einem Becher mit dem Mixer pürieren. Dabei nach und nach das Rapsöl bis zur leichten Bindung zugeben. Wenn das Dressing besonders fein werden soll, durch ein Sieb streichen.

Das Dressing immer extra reichen, da es so möglich ist, die Kräuter und Blüten erst pur und dann mit Dressing zu probieren.

Meine Tipps für Sie:
Die jungen Triebe der Kräuter und die Blüten können Sie nach Jahreszeit und Ihrem speziellen Geschmack suchen.
Sie sollten nur in den Morgenstunden gesammelt werden, weil Aroma und Stabilität durch Sonneneinstrahlung stark leiden.

Flusskrebsroulade im Bärlauchmantel auf weißem Selleriepüree mit Morchelschaum

Zutaten für 4 Personen

Flusskrebsroulade
120 g Flusskrebsschwänze
80 g Hechtfilet
70 ml süße Sahne
10 Bärlauchblätter
Salz
weißer Pfeffer aus der Mühle

Weißes Selleriepüree
300 g Selleriewürfel
150 ml süße Sahne
20 g Butter
Salz
weißer Pfeffer aus der Mühle
Muskat

Morchelschaum
10-15 frische oder getrocknete Morcheln (je nach Größe)
3 Schalotten
30 g Butter
2 cl Brandy
150 ml Geflügelbrühe
100 g Crème double
Salz
weißer Pfeffer aus der Mühle

FISCHFARCE

Hechtfilet klein schneiden und im Mixer pürieren. Salz und Pfeffer zugeben, mit Sahne aufgießen und nochmals mixen, bis die Masse bindet und zu glänzen beginnt.

FLUSSKREBSROULADE

Bärlauchblätter ganz kurz in Salzwasser blanchieren, im Eiswasser abschrecken und auf Küchenkrepp abtupfen. Klarsichtfolie auslegen und darauf überlappend zur Bärlauchmatte legen. Farce darauf ausstreichen und die Krebsschwänze obenauf plazieren, um sie dann mit der restlichen Farce zu umhüllen. Terrine mit Hilfe der Folie aufrollen und gut verschließen. Mit Aluminiumfolie fest umhüllen und im Wasserbad 30 Minuten bei 85 °C garen.
5 Minuten ruhen lassen und kurz vor dem Anrichten aufschneiden.

WEISSES SELLERIEPÜREE

Selleriewürfel in Butter dünsten, mit Sahne angießen und 40 Minuten butterweich köcheln lassen. Würzen, im Küchenmixer pürieren und abschmecken.

MORCHELSCHAUM

Die Morcheln mit Schalottenwürfeln in Butter anschwitzen, mit Weinbrand flambieren, mit Brühe ablöschen und nach dem Würzen ca. 1 Stunde köcheln lassen. Nach 30 Minuten Crème double hinzugeben. Mit dem Stabmixer pürieren und durch ein feines Sieb passieren.

Mein Tipp für Sie:
Die Blätter des Bärlauchs können nur bis zur Blüte der Pflanze verwendet werden. Wenn sich die Blüten zeigen, verlieren die Blätter das Aroma und den feinen Geschmack.

Auf dem Weg zum Bärlauch im Park von Putbus

Rahmsuppe von der Frühlingsmorchel

Zutaten für 4 Personen

Morchelsuppe
10-15 frische
oder getrocknete Morcheln
6 Schalotten
60 g Butter
4 cl Weinbrand
300 ml Geflügelbrühe
300 ml süße Sahne
Salz
weißer Pfeffer aus der Mühle

FRÜHLINGSMORCHELSUPPE

Die Morcheln mit Schalottenwürfeln in Butter anschwitzen, mit Weinbrand flambieren, mit Brühe ablöschen und nach dem Würzen etwa 1 Stunde köcheln lassen. Nach 30 Minuten die süße Sahne hinzugeben. Mit dem Stabmixer pürieren und durch ein feines Sieb passieren.

SUPPENEINLAGE

Ausgesuchte kleine Morcheln werden in etwas Butter gedünstet und mit Salz und Pfeffer gewürzt.

ANRICHTEN

Suppe nochmals aufmixen, in warmen Tellern anrichten und die gedünsteten Morcheln in der Mitte aufsetzen.

Meine Tipps für Sie:
Morcheln immer gründlich reinigen und auf Kleingetier kontrollieren.
Die frischen Morcheln, eine Woche auf Küchenpapier trocken gelagert, entfalten ein noch intensiveres Aroma.
Getrocknete Morcheln werden einen Tag zuvor in Brühe eingeweicht, die man dann auch bei der Suppenherstellung verwendet.

Morcheln, versteckt unter dem Laub

Bärlauchsuppe mit Frühlingsröllchen

Zutaten für 4 Personen

Bärlauchsuppe
12-15 Bärlauchblätter
50 g Schalotten
50 g Zwiebeln
1 Knoblauchzehe
50 g Knollensellerie
80 g Butter
400 ml Geflügel- oder Gemüsefond
200 ml süße Sahne
1 kleine Kartoffel
Salz
weißer Pfeffer aus der Mühle

Bärlauchpesto
500 g Bärlauchblätter
75 g frischer Parmesan, gerieben
75 g Pinienkerne oder Mandeln
12 Blatt Basilikum
230 ml Ölivenöl

Frühlingsrolle
20 g Sellerie
20 g Möhren
20 g Lauch
1 Eiklar
4 Blatt Reispapier oder Wan-Tan Teig
Salz
Pfeffer aus der Mühle
Öl

BÄRLAUCHSUPPE

Schalotten, Zwiebeln, Sellerie und Bärlauch fein schneiden und mit der Knoblauchzehe in der ausgelassenen Butter anschwitzen, mit Geflügelfond auffüllen und dann die Sahne hinzufügen. Die geschälte Kartoffel durch eine feine Reibe als Bindung direkt in die Suppe geben. Mit Salz und Pfeffer würzen und die Suppe 20-30 Minuten köcheln lassen. Mit dem Stabmixer fein pürieren und passieren. Kurz vor dem Anrichten einen Esslöffel von dem Bärlauchpesto in die Suppe geben und untermixen. So erhält die Suppe ihr unverwechselbares Aroma und die verführerische hellgrüne Farbe.

BÄRLAUCHPESTO

Den Bärlauch in feine Streifen schneiden und mit den Pinienkernen und dem Parmesan im Küchenmixer auf kleiner Stufe vermischen. Das Olivenöl zufügen und zu einer glatten Masse mixen. In ein Glas mit Deckel füllen und im Kühlschrank aufbewahren.

SUPPENEINLAGE

Gemüsestreifen von Sellerie, Möhren und Lauch herstellen, bissfest dünsten und abschmecken. Reispapier mit Eiklar bestreichen, darauf die Gemüsestreifen geben und einrollen. Die Frühlingsrolle in Öl goldgelb braten und bereitstellen.

ANRICHTEN

Aufgemixte Suppe in warmen Tellern anrichten und die Frühlingsrolle einlegen. Suppe mit einem Bärlauchblatt krönen.

Meine Tipps für Sie:
Wenn man Bärlauch selbst sammelt, sollte man wissen, dass er sowohl den Maiglöckchenblättern als auch denen der Herbstzeitlosen ähnelt. Beide sind sehr giftig.
Im Zweifelsfall braucht man die Blätter nur zwischen den Fingern zu reiben. Der intensive Knoblauchgeruch lässt den Bärlauch zweifelsfrei erkennen.
Wie alle Zwiebelgewächse wird Bärlauch nicht gehackt, sondern mit einem Messer geschnitten, damit er nicht bitter wird.
Bitte unbedingt etwas mehr vom Bärlauchpesto herstellen. Es lässt sich wunderbar zum Verfeinern von Dressings, Gemüsegerichten und Pasta verwenden.
Ich koche Spaghetti und schwenke diese dann mit dem Pesto in der Pfanne an.
Natürlich gibt es dazu große Mengen frisch gehobelten Parmesan.

Scampi umhüllt mit Parmaschinken mit Sternanissauce und Bärlauchrisotto

Zutaten für 4 Personen

Scampi
300 g Scampischwänze (geputzt ohne Schale)
80 ml süße Sahne
50 g Parmaschinken
1 Eiklar (rohes Eiweiß)
Knoblauch
Thymian
4 cl Olivenöl
Pfeffer, Salz
100 g Schweinenetz
30 ml Öl

Sternanissauce
60 g Knollenfenchel
3 Schalotten
30 ml Olivenöl
20 ml Weißwein
200 ml Fischfond
100 ml Crème fraîche
10 g Sternanis
Salz, Zucker
weißer Pfeffer

Bärlauchrisotto
180 g Reis, ungeschliffen
50 g Schalotte
30 ml Olivenöl
600 ml Geflügelbrühe
100 ml Weißwein
40 g Parmesan
20 g Bärlauchpesto (siehe Rezept S. 12)
Salz

SCAMPIFARCE

100 g der Scampischwänze klein schneiden und im Mixer pürieren. Salz, Pfeffer und Eiklar zugeben, mit Sahne aufgießen und nochmals mixen, bis die Masse bindet und zu glänzen beginnt.

STERNANISSAUCE

Fenchel und Schalotten würfeln, in Olivenöl anschwitzen, mit Weißwein ablöschen und mit der Fischbrühe sowie der Crème fraîche aufgießen und 30 Minuten köcheln lassen. Mit dem Stabmixer pürieren. Erst jetzt den im Mörser zerkleinerten Sternanis, Salz, Zucker und weißen Pfeffer hinzufügen und nochmals 20 Minuten köcheln lassen. Durch ein feines Sieb passieren.

SCAMPI IM PARMASCHINKENMANTEL

200 g Scampischwänze unter Zugabe von Knoblauch und Thymian in Olivenöl anbraten und leicht würzen, auf Küchenkrepp legen und abkühlen lassen. Den Parmaschinken im Rechteck auf Klarsichtfolie legen, mit der Scampifarce bestreichen und die gebratenen Scampischwänze vorn plazieren, um sie dann mit der restlichen Farce zu umhüllen. Mit Hilfe der Folie eine Rolle formen. Die Rolle von der Folie auf ein ausgebreitetes Schweinenetz bringen und straff einwickeln. In Öl langsam goldgelb braten und 10 Minuten im Rohr bei 100 °C nachgaren.

BÄRLAUCHRISOTTO

Schalotten und Reis in Olivenöl anschwitzen, mit Weißwein ablöschen und mit Geflügelbrühe auffüllen. Langsam köcheln und gar ziehen lassen. Kurz vor dem Anrichten mit Parmesan und dem Bärlauchpesto vollenden.

Meine Tipps für Sie:
Mit dem Salzen beim Risotto bitte sehr vorsichtig sein, denn Brühe, Kräuter und Parmesan verfügen über eine starke eigene Würzkraft.
Ich habe festgestellt, dass frische Scampi in erforderlicher guter Qualität sehr schwer zu bekommen sind. Kaufen Sie diese deshalb tiefgefroren und lassen sie sie langsam auftauen.
Dieses Gericht mundet auch vorzüglich mit Riesengarnelen.

Flusskrebse mit schwarzen Nudeln auf Tellern von Kathrin

Zutaten für 4 Personen

Flusskrebse und Sauce
1000 g Flusskrebse
80 ml Olivenöl
150 g Schalottenwürfel
50 g Selleriewürfel
20 g Fenchelwürfel
50 g Tomatenmark
2 vollreife Tomaten
4 cl Rum (über 50 Vol %)
300 ml Fischfond
200 g Crème double
Salz
Zucker
Cayennepfeffer
alter Balsamessig

Teig für Nudeltaschen
300 g Weizenmehl
50 g Hartweizengrieß
4 x Tintenfisch-Tinte (Sepia)
20 ml Olivenöl
3 Eier (Größe M)
10 g Salz

Füllung der Nudeltaschen
50 g Barsch- oder Zanderfilet
40 g Sahne
Salz
weißer Pfeffer
frischer Dill

FÜLLUNG FÜR DIE NUDELTASCHEN
Fischfilet klein schneiden und im Mixer pürieren. Salz und Pfeffer zugeben, mit Sahne aufgießen und nochmals mixen, bis die Masse bindet und zu glänzen beginnt.

NUDELTASCHEN
Eier, Tinte, Olivenöl und Grieß in einer Schüssel mit dem Schneebesen verrühren und 30 Minuten quellen lassen. Mehl und Salz unterarbeiten. Falls der Teig zu krümelig ist, vorsichtig ein wenig Wasser zugeben. Mit den Händen auf der Arbeitsfläche kneten, bis der Teig glatt und elastisch ist. In Klarsichtfolie einwickeln und 2 Stunden ruhen lassen. In 1 cm dicke Scheiben schneiden und, leicht mit Mehl bestäubt, zwischen den Walzen einer Nudelmaschine in mehreren Gängen ausrollen, wobei die Walzen jedes Mal enger gestellt werden. Je dünner der Teig, desto feiner die Nudeln. Die gewünschte Form ausstechen, den Rand mit Ei bestreichen, mit Farce füllen und in reichlich Salzwasser garen.

FLUSSKREBSE MIT SAUCE
Die Krebse in siedendem Wasser ca. 5 Minuten abkochen, abschrecken und aus der Schale brechen. Aus den geputzten Krebsschwänzen den Darm entfernen und das Fleisch aus Schwänzen und Scheren bereitstellen. Die Krebsschalen werden in heißem Öl stark angeröstet, Gemüse- und Tomatenwürfel hinzugefügt und mitgeröstet. Den Rum hineingeben und flambieren. Mit Fischfond ablöschen, süße Sahne hinzufügen, Gewürze beigeben und 2 Stunden köcheln lassen. Durch ein Sieb passieren.

ANRICHTEN
Nudeltaschen in Butter anschwenken, mit dem in etwas Sauce warm gelegten Krebsfleisch auf warmen Tellern anrichten und mit der aufgeschäumten Sauce überziehen.

Mein Tipp für Sie:
Die Nudeln schon einen Tag zuvor kochen und im Eiswasser abschrecken. Sie werden dann mit etwas Butter unter Zugabe von Wasser angeschwenkt.

Lachsfilet mit Frühjahrsgemüse

Zutaten für 4 Personen

Lachs
400-500 g Lachsfilet
50 ml Öl
Pfeffer aus der Mühle
Salz
Mehl

Sauce
Spargelfond aus Schalen und Abschnitten
60 g Butter
50 g Mehl
50 ml trockener Weißwein
200 ml süße Sahne
1 TL Zitronensaft
Salz
Zucker
Pfeffer aus der Mühle

Gemüse
2 Bund grüner Spargel
2 Tomaten
8 Morcheln
4 Kartoffeln
50 g Butter
Salz

LACHS
Lachs portionieren und würzen. In Mehl wenden und sofort goldgelb von beiden Seiten anbraten. Langsam weiter braten oder im Rohr gar ziehen.

SAUCE
Mehl in der zerlassenen Butter anschwitzen, mit Spargelfond glatt rühren. Weißwein und Sahne zugeben und nach dem Aufkochen mit Zitronensaft und den Gewürzen abschmecken und durch ein Sieb passieren.

FRÜHJAHRSGEMÜSE
Den Fond aus den Spargelschalen und -abschnitten herstellen und darin den Spargel blanchieren. Tomaten blanchieren und von Haut und Kernen befreien. Morcheln gründlich waschen und in Ringe schneiden. Kartoffeln kochen. Alle Gemüse und die Kartoffeln zeitversetzt nach Konsistenz und Garzeiten in der Pfanne mit Butter anschwenken. Dabei würzen und abschmecken.

ANRICHTEN
Gemüse und Lachs formschön auf dem vorgewärmten Teller anrichten und die heiße Spargelsauce angießen.

Meine Tipps für Sie:
Beim Filetieren des Lachses stets die braune Fettschicht entfernen, denn sie beeinflusst den feinen Geschmack.
Beim Braten immer erst die „schöne“ Seite auf den Pfannenboden legen, so dass diese beim Anrichten oben liegt.

In der Fischhalle der Sassnitzer Kutter- und Küstenfisch e.G. mit Manfred Kirstein

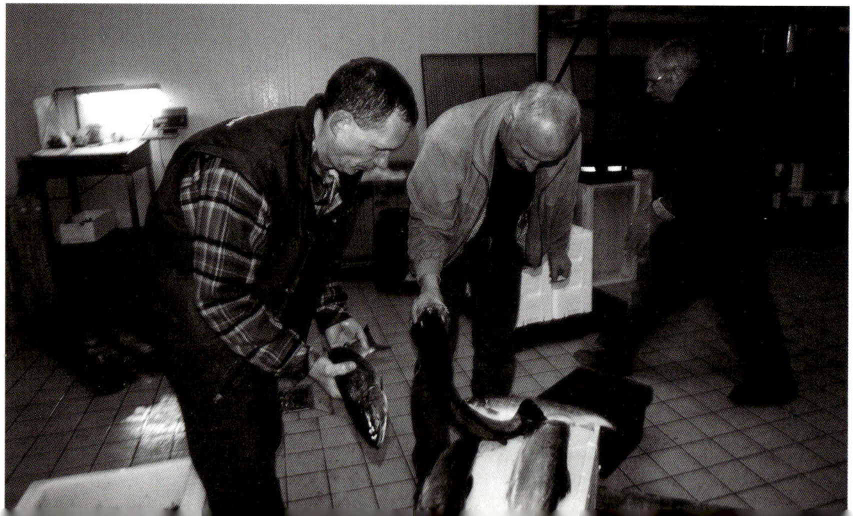

MEIN KLASSIKER: Ostseedorsch, pochiert mit Mühlensenf-Vanillesauce, jungen Karotten und Stampfkartoffeln

Zutaten für 4 Personen

Fisch
600 g Dorschfilet

Sauce
1 l Fischfond
50 g Butter
40 g Mehl
100 ml trockener Weißwein
60 g grober Senf
1 Vanilleschote
100 ml süße Sahne
Salz
Zucker
Pfeffer aus der Mühle

Gemüse
1 Bund Karotten
20 g Butter
Salz
Zucker

Kartoffeln
600 g Kartoffeln
(mehlig kochend)
80 g Butter
Salz
weißer Pfeffer aus der Mühle
Muskat

FISCH
Dorsch portionieren und im Fischfond gar ziehen.

MÜHLENSENF-VANILLESAUCE
Mehl in der Butter anschwitzen, mit Fischfond angießen und glatt rühren. Sahne, Weißwein, das Mark der Vanilleschote und Senf hinzufügen. Mit Salz, Pfeffer und Zucker abschmecken. Kurz vor dem Anrichten aufmixen.

KAROTTEN
Karotten in Form bringen und blanchieren. Mit Butter, Zucker und einer Prise Salz anschwenken und abschmecken.

STAMPFKARTOFFELN
Kartoffeln bis kurz vor dem Zerfallen kochen und abgießen. Mit Butter zu Brei stampfen. Mit Salz, Pfeffer und wenig Muskat abschmecken.

Mein Tipp für Sie:
Dorsch bitte nur in Zeiten niedriger Wassertemperaturen (das sind alle Monate mit einem „r“ im Namen) und, wenn möglich, direkt beim Fischer kaufen.

Beim Fischer Thomas Koldevitz im Hafen von Gager

Steinbuttfilet
mit glacierten Zuckerschoten und Kartoffelnudeln

Zutaten für 4 Personen

Fisch
400-500g Steinbuttfilet oder
1000g Steinbutt, ganz
50ml Öl, 80g Mehl
weißer Pfeffer aus der Mühle
Salz, ein Thymianzweig
1 kleine Knoblauchzehe

Sauce
60g Butter
50g Mehl
300ml Geflügelbrühe
oder Fond vom Steinbutt
(siehe Grundrezepte S. 94)
20ml Weißwein
1TL Zitronensaft
200ml süße Sahne
Salz, Zucker
weißer Pfeffer aus der Mühle

Gemüse
400g Schoten
10g Zucker
10g Butter
40ml Gemüsefond
kleine Prise Salz

Kartoffelnudeln
400g Kartoffeln,
mehlig kochend
1 Ei, 100g Weizenmehl
10g Hartweizengrieß
Salz, Muskat
weißer Pfeffer aus der Mühle

FISCH
Filet portionieren und würzen. In Mehl wenden und sofort von beiden Seiten goldgelb anbraten, Kräuter hinzufügen und im Grill oder Ofen weiter garen.

FENCHELSAUCE
Geflügelbrühe oder Fischfond erhitzen und die Fenchelsamen darin (wie beim Tee) ziehen lassen. Mehl in der zerlassenen Butter anschwitzen und mit dem Fenchelfond glatt rühren. Weißwein und Sahne zugeben und nach dem Aufkochen mit Zitronensaft und den Gewürzen abschmecken. Durch ein Sieb passieren.

SCHOTEN
Die Schoten putzen, waschen und durch einen spitzen Keilschnitt so halbieren, dass eine Seite wie eine Krebsschere aussieht. Butter in einem Stieltopf auslassen und die Schoten darin kurz ohne Farbe anschwitzen. Mit Gemüsefond angießen und 4 Minuten zugedeckt dünsten. Nun den Zucker und eine Prise Salz zufügen und schwenken, bis sich der Zucker aufgelöst hat (glacieren).

KARTOFFELNUDELN
Die Kartoffeln in der Schale kochen, pellen und noch heiß durch die Presse drücken, ausdampfen und abkühlen lassen.
Die Kartoffelmasse mit allen Zutaten in einer Schüssel unter Zugabe der Gewürze zu einem Teig verkneten. Zu einer 10cm langen und 1cm dicken „Nudel" ausrollen und diese mit dem Teigschaber schräg in 2cm lange Stücke abtrennen. In Salzwasser kurz aufkochen, garziehen, abschrecken und in etwas Butter anschwenken.
Bei Bedarf nachwürzen.

Meine Tipps für Sie:
Leichter ist es, die Fenchelsamen in einem halb gefüllten Tee-Ei im Fond ziehen zu lassen.
Beim Anschwenken der Kartoffelnudeln immer etwas Wasser zugeben.
Wenn man eine goldgelbe Kruste erreichen möchte, lässt man die Flüssigkeit einfach verdampfen und röstet dann die Nudeln leicht.

Lammrücken
mit Jus, gebratenem Spargel und Kirschtomaten, Thymiankartoffeln

Zutaten für 4 Personen

Lamm
1 kg Lammrücken mit Knochen
50 ml Öl
Salz, Pfeffer aus der Mühle
Thymian, Rosmarin

Jus (Sauce)
Knochen und Sehnen vom ausgelösten Lammrücken, zerkleinert
60 ml Öl
60 g Zwiebeln
30 g Karotten
30 g Sellerie
1 TL Tomatenmark
1 Knoblauchzehe
1 Thymianzweig
100 ml Rotwein
Pfeffer aus der Mühle
Wasser
80 g kalte Butterwürfel

Gemüse
800 g weißer Spargel
16 Kirschtomaten
50 g Stärkepuder
20 ml Olivenöl, Salz

Kartoffeln
800 g Kartoffeln, fest kochend
50 ml Öl
30 g Schinkenwürfel
4 Zweige Thymian
Salz, Pfeffer aus der Mühle

LAMMRÜCKEN
Die Rückenfilets pfeffern, salzen, in heißem Öl rundum goldbraun anbraten, dann die Kräuter beigeben. Den Lammrücken mit den Kräutern auf ein Blech oder eine Porzellanplatte legen und bei 100 °C je nach Stärke des Filets 10-15 Minuten garen.

LAMMJUS
Die zerkleinerten Lammknochen und Sehnen mit dem Gemüse braun rösten, das Tomatenmark hinzugeben, kräftig mitrösten und mit Rotwein ablöschen. Den Ansatz reduzieren lassen, bis die gewünschte Farbe erreicht ist. Nun die Kräuter und Gewürze hinzugeben und mit Wasser auffüllen, bis alles bedeckt ist. 2 Stunden köcheln und dabei bis auf die Hälfte reduzieren lassen. Durch ein in ein Sieb gelegtes Tuch passieren und im Kühlschrank erkalten lassen. Das gehärtete Fett abnehmen und die Jus nochmals um die Hälfte einkochen, abschmecken und mit kalter Butter binden.

THYMIANKARTOFFELN
Kartoffeln mit der Schale zu Pellkartoffeln aufsetzen. Blättchen von den Thymianzweigen abzupfen und bereitstellen. Die Stiele mit in das Kochwasser der Kartoffeln geben. Gare Kartoffeln sofort pellen und nach dem Auskühlen in gewünschte Form schneiden. In heißem Öl goldgelb von allen Seiten anrösten und fein geschnittene Schinkenwürfel und die Thymianblättchen unterschwenken. Nur, wenn es notwendig erscheint, jetzt würzen.

SPARGEL UND KIRSCHTOMATEN
Den Spargel gut schälen und die holzigen Enden entfernen. Die Spargelstangen dann bissfest blanchieren, abschrecken, halbieren und der Länge nach aufschneiden. In der Stärke wälzen und auf der Schnittseite im heißen Olivenöl knusprigbraun braten. Dabei die Kirschtomaten zufügen, durchschwenken und würzen.

Meine Tipps für Sie:
Immer kleine, gleichmäßige Kartoffeln für Pellkartoffeln auswählen, um den gleichen Garpunkt zu erreichen.
Die Lammrückenfilets 2 Tage vorher auslösen und mit dem Öl, Rosmarin, Thymian und Knoblauch einlegen. Wenn dann auch gleich die Jus hergestellt und entfettet wird, braucht sie nur noch einmal reduziert und gebunden werden.
Sollten Sie keine Möglichkeit haben, Fonds, Glaces oder Saucen selbst herzustellen, schicke ich sie Ihnen gern ins Haus:
www.villa-mit-sonnenhof.de

Gratinierte Rhabarbertarte mit Rapsblüten-Honigeis

Zutaten für 4 Personen

Mürbeteig
50 g Zucker
100 g Butter
150 g Mehl
1 Eigelb

200g Linsen

Rhabarber
250 g dünne Rhabarberstangen
50 g Zucker
8 g Vanillezucker

Eischnee
2 Eiklar
100 g Zucker

Rapsblüten-Honigeis
4 Eigelb
200 ml heiße Milch
200 ml Sahne
50 g Zucker
4 EL Rapsblütenhonig

Süße Royalmasse
100 g Quark
100 g süße Sahne
40 g Zucker
40 g Vanille-Puddingpulver
2 ganze Eier
1 Eigelb
8 g Vanillezucker

MÜRBETEIGBODEN

Den Zucker mit der weichen Butter und dem Eigelb verrühren. Das Mehl beigeben und zu einem kompakten Teig verkneten, der nun mindestens 2 Stunden, in Klarsichtfolie eingeschlagen, kühl ruhen muß. Den Teig mit Hilfe eines Nudelholzes ausrollen und in eine gebutterte runde Backform mit einem 2 cm hohen Rand einlegen. Der überstehende Rand des Teiges wird abgeschnitten und ein, in Form und Größe der Backform, ausgeschnittenes Backpapier aufgelegt. Damit die Form des Teiges erhalten bleibt, das Backpapier mit den Linsen beschweren und 20 Minuten bei 170 °C backen.
Nach dem Backen die Linsen mit dem Backpapier entfernen und den Mürbeteigboden bereitstellen.

RHABARBER

Rhabarberstangen schälen und in 3 cm lange Stücke schneiden. Mit Zucker und Vanillezucker vermengen, 1 Stunde durchziehen lassen.

RAPSBLÜTEN-HONIGEIS

Milch mit Sahne und Honig bis kurz vor dem Kochen erhitzen. Eigelbe mit Zucker über einem Wasserbad schaumig rühren und die heiße Milch hinzugeben. Masse glatt rühren und zur Rose abziehen. Auf Eiswasser kalt rühren und in der Eismaschine oder Sorbetiere cremig frieren.

ROYALMASSE

Alle Zutaten in eine Schüssel geben und mit einem Mixer verrühren. Ca. 1 Stunde kühl ruhen lassen und dann zum gewünschten Zweck weiterverarbeiten.

TARTE

Die marinierten Rhabarberstücke auf dem Mürbeteigboden gleichmäßig verteilen und mit der bereits hergestellten süßen Royalmasse auffüllen. Die Tarte ca. 25 Minuten bei 165 °C im Ofen backen.
Zwei Eiklar mit Zucker zu steifem Eischnee schlagen, gleichmäßig auf der Tarte verstreichen und im Ofen bei 200 °C oder im Grill goldgelb überbacken.

ANRICHTEN

Portionieren und sofort auf kalten Tellern mit der Eiscreme und Dekor nach eigenem Gusto anrichten.

Meine Tipps für Sie:
Runde Pizzableche mit Rand sind als Tarteform gut geeignet.
Die Linsen kann man zum „Blindbacken" mehrmals verwenden. Sie sind aber zum Verzehr nicht mehr geeignet.

Hallo Sommer...

Der Frühling auf der Insel Rügen übergibt sein Zepter mit einem Feuerwerk herrlicher Farben an den Sommer. Die Insel lässt sich mohnbetupft und kornblumenblau von der Sonne verwöhnen. Frischgrüne Wiesen und die See sind die huldvollen Begleiter der Inselsommerfarben. Aus dieser ursprünglichen Landschaft steigen nicht nur Farben und Düfte, sondern auch Stimmungen auf.

Jetzt beginnt auch die viel zu kurze Zeit der Sommerpilze. Goldröhrlinge finden sich an Waldrändern, und die so beliebten Sommersteinpilze sind in lichten Eichenwäldern zu finden. Wohl dem, der diese Verstecke kennt.

Eine weitere Überraschung bietet Rügen demjenigen, der sich von Ufern und Stränden entfernen mag. Verborgen im Inneren der Insel kann man alte Kreidebrüche entdecken. An diesen fast magischen Orten wird man vom Duft der verschiedenen Wildthymiansorten und vom süßen Geschmack der Walderdbeeren verwöhnt. Die besondere Atmosphäre dort, die durch die Harmonie der steilen weißen Kreidewände und des jadefarbenen Wassers, in dem sich Quappen der Kammmolche tummeln, entsteht, lässt eine gewisse Mystik spüren. Es scheint, als öffne man eine Schublade mit Kindheitserinnerungen. Die Überraschung ist dann perfekt, wenn man auf den umliegenden Wiesen die sechs heimischen Orchideensorten entdeckt.

Auch Himbeeren und Heidelbeeren gibt es jetzt zuhauf. Sie eröffnen ihr volles Aroma demjenigen, der bereit ist, sie mühevoll zu sammeln, um daraus feinste Konfitüren, fruchtige Saucen oder leckere Desserts herzustellen.

Seit Urzeiten residiert die Rose als Königin der Blumen in den Herzen der Menschen. Die wilden Rosen sind von einer besonderen Anmut. Ihre samtigen Blüten und ihr üppiger Duft verleiten zu natürlichen Dekorationen und erlauchten Küchenkreationen. Rosensorbets, Rosengelees oder ein gerade hergestellter Rosensirup, aufgefüllt mit Prosecco oder Champagner, lassen uns den Sommer in vollen Zügen genießen.

Zur Rosenblüte reifen auch die Erdbeeren. Keine Frucht kündigt mit ihrem verführerischen Duft so den Sommer an. Diese prallroten, saftig-süßen Früchtchen in traumhafter Kombination mit selbst gemachtem Vanilleeis naschen zu dürfen, ist jedes Mal eine Schlemmerei für uns.

Steinbutt, Zander, Barsch und Aal gehören zu den besten Fischen der Ostsee. Die Verbindung von Süß- und Salzwasser in den Boddengewässern kommt ihrem Geschmack sehr zugute. Unsere Fischer folgen ihnen bis zu drei Meilen ins Meer hinaus, denn bis dahin ist der Salzgehalt für diese Fische noch erträglich.

Frische Sommerkräuter sind würdige Begleiter zum gerade gefangenen Fisch. Unsere Wildkräuterwiese ähnelt jetzt einem Paradiesgar-

ten. Wir sammeln Melde, Kornblume, wilde Erbse, Blatt und Blüte der wilden Karotte, Borretsch, Natternkopf, Nachtkerze, Malve, Ochsenzunge und allerlei mehr.
Besonders beschäftigen wir uns jetzt mit unserem kleinen Kräutergarten. Es macht einfach Freude, die Eintönigkeit von Petersilie und Zwiebeln zu durchbrechen und unserer Lust am Experimentieren freien Lauf zu lassen. So lassen wir die Karotten auswachsen und ernten die wohlschmeckenden Blüten, oder wir warten, bis die Radieschen Früchte angesetzt haben, um sie in Salaten unseren Gästen anzubieten.
Grillen ist jetzt natürlich das große Thema. Ein Holunderblütensekt als Aperitif erfrischt und lässt uns die sommerliche Abendstimmung mit unseren Freunden im Garten genießen. Aufregend wird es, wenn wir dann über die nahe Kräuterwiese und durch den Kräutergarten streifen. Es dauert gar nicht lange, bis sich die Körbe füllen. Durch das Zutun und die Kreativität aller entsteht ein Wildkräutersalat, der seinesgleichen sucht. Noch nie war ein Salat so nuancenreich, natürlich begleitet von unseren Lieblingsdressings. Und von diesem Genuss gleich zum nächsten. Vorbereitet haben wir Fischfilets, die, sorgsam in Folie eingewickelt, auf dem Grill liegen und die Neugier und Vorfreude aller wecken. Welch ein Duft, wenn man mit spitzen Fingern die heiße Folie öffnet...
Bei langen Spaziergängen umweht uns hier und da ein Duft von besonderer Intensität. Es gibt sie noch, die heimlichen Räuchermeister, deren frischer Räucherfisch uns am besten gleich aus dem Ofen schmeckt.
Bei solchen Spaziergängen wird uns der Zauber der Insel Rügen immer wieder aufs Neue bewusst. Die Weichheit der Hügel in den Zickerschen Alpen. Ausblicke, die zum Träumen anregen. Und immer wieder die Natur riechen, hören, fühlen und schmecken. Es ist das Einfache, das erfüllt und die Seele berührt. Es ist oft schwer, sich im Leben zu entscheiden. Wir sind jeden Tag glücklich darüber, dass wir uns für Rügen und für das einmalige Mönchgut entschieden haben. Es sind die ideellen und sinnlichen Träume, die man sich hier im Einklang mit der herrlichen Natur erfüllen kann.

Weiße Mousse von der Strauchtomate, umlegt mit Wiesenkräutern und Blüten

Zutaten für 4 Personen

Tomatengelee
2 vollreife Gartentomaten
2 Blatt Basilikum
feine Schnittlauchröllchen
2-3 Blatt Gelatine
Prise Salz
Pfeffer aus der Mühle

Tomatenmousse
250 g vollreife Gartentomaten
1 TL Kräuteressig (5%)
10 g Zucker
Prise Salz
80 g geschlagene Sahne
3-4 Blatt Gelatine

Garnitur
Endivie
Vogelmiere
Schafgarbe
Sauerampfer
Karotte
Spitzwegerich
wilde Rauke
Klee
Giersch
Fetthenne
Kapuzinerkresse
Hornveilchen
Malve
wilde Wicke
Kirschtomaten

DEKORDECKEL AUS TOMATENGELEE
Tomaten kurz blanchieren und im Eiswasser abschrecken. Haut und Kerne vom Fruchtfleisch trennen und dieses in feine Würfel schneiden. Haut und Kerne durchmixen und durch ein Sieb passieren. Saft leicht erwärmen und eingeweichte Gelatine darin auflösen (2 Blatt auf 100 ml). Tomatenwürfel, Gewürze und klein geschnittene Kräuter unterrühren. Die Masse ca. 1 cm dick auf den Boden der Timbal-Formen geben. Später erscheint dieses Gelee als Deckel der gestürzten Form.

TOMATENMOUSSE
Am Vortag die Tomaten in grobe Stücke schneiden, mit Essig, Zucker und Salz vermengen und mit dem Stabmixer aufmixen. Über Nacht durch ein mit einem Küchentuch ausgelegtes Sieb passieren. Den hellen Tomatensaft in ein Litermaß füllen und die eingeweichte Gelatine zugeben (1,5 Blatt je 100 ml). Den Saft über dem Wasserbad erwärmen und schaumig schlagen. Sobald er im Schneebesen haften bleibt, Schüssel sofort auf Eiswasser stellen und die Masse solange weiter schlagen, bis sie anzieht. Geschlagene Sahne (40 g auf 100 ml) sofort unter die Masse heben und in die mit Tomatengelee gefüllten Formen füllen, glatt streichen, abdecken und 2 Stunden im Kühlschrank durchkühlen lassen.

ANRICHTEN
Form kurz unter heißes Wasser halten und auf kalte, mit Kräutern und Blüten vorbereitete Teller stürzen.
Balsam- oder Tomatendressing extra reichen.

Meine Tipps für Sie:
Das beste Aroma haben die Kräuter, wenn sie am Vormittag gesammelt werden. Nehmen Sie nur Kräuter, die Sie genau kennen und sammeln Sie nur soviel, wie Sie wirklich benötigen. Am meisten Freude macht die Herstellung dieses Gerichtes natürlich, wenn die Tomaten aus dem eigenen Garten stammen und die Kräuter entweder auch dort oder auf der heimischen Wiese gesammelt werden.
Bei einer Gartenparty kommt große Freude auf, wenn ihre Gäste den Kräuterkranz, je nach Geschmack und der Vielfalt in ihrem Garten oder von der naturbelassenen Wiese, nach eigener Phantasie selbst sammeln und gestalten. Ihnen bleibt es dann „nur“ noch überlassen, die Mousse aufzusetzen.
Tomatenmousse und Dressings können schon am Vortag hergestellt werden.

Lachsterrine im Karottenmantel
mit Gurken, Vogelmiere, blauen Blüten und einem Zitronenthymiandressing

Zutaten für 4 Personen

Terrine
150 g Lachsfilet
50 g Lachsstreifen
120 ml süße Sahne
1 große Karotte
5 g Butter
Salz
Pernod
Pfeffer aus der Mühle

Dressing
1 Eigelb
Saft einer Zitrone
40 g Honig
20 ml weißer Balsamessig
100 ml gutes Olivenöl
1 Zweig Zitronenthymian
Salz
Zucker
Pfeffer aus der Mühle

Garnitur
1 Salatgurke
1 Sträußchen Vogelmiere
Blaue Blüten:
Hornveilchen
Glockenblume
Borretsch
Kornblume
Natternkopf
Ochsenzunge

LACHSFARCE
Lachsfilet klein schneiden und im Mixer pürieren. Salz, Pfeffer und Pernod zugeben, mit Sahne aufgießen, nochmals mixen, bis die Masse bindet und zu glänzen beginnt.

LACHSTERRINE
Die große Karotte putzen, mit dem Sparschäler der Länge nach Scheiben abziehen, blanchieren und im Eiswasser abschrecken. Stabile Aluminiumfolie ausbreiten und buttern. Die Karottenstreifen darauf überlappend zum Rechteck legen. Die Farce aufstreichen und den gewürzten Lachsstreifen mittig plazieren. Terrine mit Hilfe der Folie aufrollen, gut verschließen und im Wasserbad 30 Minuten bei 90 °C garen. Im Eiswasser abschrecken und durchkühlen.

ZITRONENTHYMIANDRESSING
Eigelb und Zitronensaft mit Balsamessig, Salz, Zucker, Pfeffer, Honig und den Thymianblättern im Becher aufmixen. Dabei nach und nach das Olivenöl bis zur leichten Bindung zugeben. Das Dressing immer extra reichen, da es so möglich ist, die Kräuter und Blüten erst pur und dann mit Dressing zu probieren.

ANRICHTEN
Geschälte Gurke in hauchdünne Scheiben schneiden, als Kranz mit der Vogelmiere und den Blüten dekorativ auf den kalten Teller bringen und leicht salzen. Terrine aus der Folie wickeln, aufschneiden und in die Mitte setzen.

Meine Tipps für Sie:
Die Zutaten für die Farce müssen stets eiskalt sein.
Statt des Balsamessigs können Sie auch den Fond (Saft) von Gewürz- oder Senfgurken verwenden.

Brühe von Flusskrebsen mit feinem Gartengemüse

Zutaten für 4 Personen

Flusskrebsbrühe
1000 g Flusskrebse
50 ml Öl
50 g Schalottenwürfel
50 g Selleriewürfel
50 g Fenchelwürfel
2 vollreife Tomaten, gewürfelt
4 cl Rum (über 50 Vol %)
800 ml Fischfond
100 ml trockener Weißwein
Salz
Pfeffer
Thymianzweig

Suppeneinlage
2 Karotten
2 Kohlrabi
1 kleine Zucchini in Scheiben
8 Stangenbohnen
8 Kirschtomaten
frischer Dill
Petersilie
10 ml Olivenöl
10 g Butter

FLUSSKREBSBRÜHE

Die Krebse 5 Minuten im siedenden Wasser kochen, abschrecken und aus der Schale brechen. Das Fleisch aus den Schwänzen und Scheren bereitstellen, wobei aus den Krebsschwänzen vorher der Darm entfernt werden muss.
Die Krebsschalen in heißem Öl stark anrösten. Alle Gemüsewürfel und den Thymianzweig hinzufügen und mitrösten. Rum zugeben, flambieren und mit Fischfond und Weißwein ablöschen. Würzen und 2 Stunden köcheln lassen. Durch ein Tuch passieren.

SUPPENEINLAGE

Karotten, Kohlrabi und Bohnenstücke in die köchelnde Brühe geben. Später angeschwitzte Zucchinischeiben und Tomaten mit dem Krebsfleisch hinzufügen.

ANRICHTEN

Suppe in warmen Tellern anrichten und zur Vollendung mit Kräutern garnieren.

Meine Tipps für Sie:
Kurz vor dem Servieren in der Brühe etwas Butter schmelzen lassen. Das rundet den Geschmack ab.
Wenn aus der Krebsbrühe eine komplette Mahlzeit werden soll, erreicht man das durch die Zugabe von gegarten Nudeln, Reis oder Kartoffeln.
Dazu empfehle ich ein ofenwarmes Brot.

Rahmsuppe von Petersilienwurzeln und Wiesenkräutern

Zutaten für 4 Personen

Suppe
400 g Petersilienwurzeln
100 g Sellerieknolle
4 Schalotten
50 g Butter
500 ml Geflügelbrühe
150 ml süße Sahne
Salz
weißer Pfeffer aus der Mühle

Kräuterpesto
Wiesenkerbel
Vogelmiere
Knoblauchrauke
Giersch
Sauerampfer
wilder Lauch
40 ml Rapsöl, kalt gepresst

Garnierung
Wiesenkerbel
Vogelmiere
Giersch
Lauchblüten
Dostblüten
Gänseblümchen
Blüten der Kapuzinerkresse

PETERSILIENWURZELSUPPE
Die geschälten und geputzten Gemüse in feine Würfel schneiden und in der Butter anschwitzen. Mit der Brühe auffüllen. Alles weich kochen, mit dem Küchenmixer pürieren und durch ein Sieb streichen. Die Sahne hinzufügen und mit Salz und Pfeffer abschmecken.

KRÄUTERPESTO
Die Kräuter und die Blüten am Morgen sammeln und gründlich mit kaltem Wasser waschen. Alle Kräuter grob schneiden und mit dem Öl im Mixer pürieren.
Die Farbe und Geschmacksintensität der Suppe kann durch die Menge des Kräuterpestos variiert werden.

ANRICHTEN
Suppe nochmals richtig heiß werden lassen, nach eigenem Geschmack Kräuterpesto hinzufügen und schaumig mixen. In warmen Tellern anrichten und mit warmem Pesto verzieren. Mit allen Kräutern und Blüten die Suppe garnieren.

Meine Tipps für Sie:
Alle Kräuter und Blüten variieren nach Saison, Vegetation und natürlich Ihren Vorlieben.
Zu einem vegetarischen Genuss wird diese Suppe, wenn man statt der Geflügelbrühe den Blanchierfond vom Gemüse verwendet.
Diese Suppe schmeckt besonders gut mit frischem, selbst gebackenem Brot.

Kräuter werden auf der eigenen Wiese gesammelt

Es muß nicht immer eine Spargelsuppe sein, die mit Butter und Mehl gebunden ist...
Latte vom Spargel – mein Appetitanreger und Gesundbrunnen

Zutaten für 4 Personen

Latte vom Spargel
600 g Schalen vom grünen und weißen Spargel
500 ml Wasser oder Mineralwasser
60 g kleine Butterwürfel
Zucker
Salz
weißer Pfeffer
Muskat

LATTE VOM SPARGEL
Die Spargelschalen mit dem Wasser kalt ansetzen, langsam zum Kochen bringen und eine halbe Stunde leise köcheln und reduzieren lassen. Den Spargelfond durch ein Tuch passieren. Abschmecken und nochmals zum Kochen bringen. Die kalten Butterwürfel mit dem Stabmixer einmixen, bis sich reichlich Schaum bildet. Sofort in große Tassen anrichten und den Latte vom Spargel langsam durch den Schaum schlürfen.

Mein Tipp für Sie:
Sollten Sie so gern und so reichlich Spargel genießen wie ich, dann fallen viele Schalen an. Kochen Sie davon, wie beschrieben, den Fond und frieren Sie ihn in geschlossenen Gefäßen ein.
Sobald Sie Appetit verspüren, bereiten Sie sich ohne Aufwand einen Tee oder einen Latte.

Die Spitzen vom wilden Spargel

Hechtnocken und Flusskrebse in Rahm mit grünem Spargel und Salzkartoffeln

Zutaten für 4 Personen

Hechtnocken
200 g Hechtfilet
200 g süße Sahne
8 g Salz
weißer Pfeffer aus der Mühle
500 ml Fisch- oder Gemüsesud

Flusskrebse in Rahm
500 g Flusskrebse
50 ml Olivenöl
100 g Schalottenwürfel
30 g Selleriewürfel
20 g Kartoffelwürfel
1 Tomate
10 g Tomatenmark
2 cl Rum (über 50 Vol %)
200 ml Fischfond
200 g süße Sahne
50 ml Weißwein
10 g Kartoffelstärke
Salz
Zucker
Cayennepfeffer
alter Balsamessig

Spargel
600 g grüner Spargel
Salz, Zucker
30 g Butter

Kartoffeln
800 g junge Kartoffeln
30 g Butter
Salz

HECHTFARCE
Hechtfilet klein schneiden und im Mixer pürieren. Salz und Pfeffer zugeben und mit der Sahne auffüllen. Nochmals aufmixen, bis die Masse bindet und zu glänzen beginnt. Abgedeckt bis zur Weiterverarbeitung im Kühlschrank aufbewahren.

FLUSSKREBSE IN RAHM
Die Krebse im siedenden Wasser ca. 5 Minuten abkochen, abschrecken und aus der Schale brechen. Aus den geputzten Krebsschwänzen den Darm entfernen und das Fleisch aus Schwänzen und Scheren bereitstellen. Die Krebsschalen werden in heißem Öl stark angeröstet, Gemüse- und Tomatenwürfel hinzugefügt und mitgeröstet. Den Rum hineingeben und flambieren. Mit Fischfond ablöschen, süße Sahne hinzufügen, Gewürze beigeben und 2 Stunden köcheln lassen. Durch ein Sieb passieren. Kartoffelstärke mit dem Weißwein verrühren und hiermit die Sauce binden. Nochmals nachschmecken und die Flusskrebse mit Hilfe eines Sieblöffels warm legen.

SALZKARTOFFELN
Geschälte Kartoffeln in Salzwasser kochen. Wenn die Kartoffeln gar sind, abgießen und die Butterflocken zugeben. Kartoffeln zugedeckt bereitstellen.

SPARGEL
Fond aus Spargelschalen und -abschnitten herstellen, mit Salz und einer Prise Zucker abschmecken und den Spargel darin blanchieren.

HECHTNOCKEN
Aus der Hechtfarce mit zwei großen Löffeln Nocken formen und diese in dem leicht köchelnden Fischfond ca. 5 Minuten gar ziehen.

ANRICHTEN
Hechtnocken mit den Flusskrebsen mittig auf warme Teller geben. Beides mit Rahm überziehen und den in Butter angeschwenkten Spargel anlegen. Die Kartoffeln werden extra gereicht.

Meine Tipps für Sie:
Die Zutaten für die Farce müssen sehr kalt sein. Sie verbinden sich nur dann optimal zu einer homogenen Masse, wenn sie alle die gleiche Temperatur haben. Bei der Verarbeitung von Hecht ist es kaum möglich, alle Gräten gänzlich zu entfernen. Deshalb die Farce durch ein Sieb streichen. Die Kartoffeln sollten immer gleich groß sein oder entsprechend portioniert werden. Unterschiedlich große Kartoffeln sind nie zur gleichen Zeit gar, und das tragische Ergebnis sind schon zerfallene und noch zu harte Kartoffeln in einem Topf.

Rügener Fischfilets aus den Bodden und der Ostsee mit Gemüse in der Folie gegart

Zutaten für 4 Personen

Fisch
400-500 g Fischfilet
nach Belieben
20 ml Öl
1/2 Zitrone
Pfeffer aus der Mühle
Salz
frische Kräuter

Gemüse
grüner Spargel
Kirschtomaten
Zuckerschoten
Paprikaschoten
Karotten
kleine Kartoffeln
(gekocht und gepellt)
50 g Butter

FISCHFILETS

Fisch portionieren, mit etwas Zitronensaft beträufeln und würzen.
Die Gemüse vorbereiten und in gewünschte Form bringen. Stabile Aluminiumfolie zuschneiden und mit Öl bestreichen. Mittig das Gemüse hierauf plazieren und das Fischfilet auflegen. Mit bevorzugten frischen Kräutern und Gewürzen verfeinern. Die Butter zum Schluss auflegen und alles in der Folie fest einschlagen, so dass beim Garen kein Fond auslaufen kann. Je nach Hitze 10-15 Minuten auf dem Gartengrill garen.

SPIELARTEN

Zum **Lachs** harmonieren Zuckerschoten und Tomaten, mit Thymianzweigen verfeinert. Zum **Dorsch** passen junge Karotten, vollendet mit Dijonsenf-Butter. Eine Variation von buntem Sommergemüse, wie Zucchini, Spargel, Zuckerschoten, Karotten, Paprikaschoten, jungen Zwiebeln, Mais und frischen Kräutern, komplettiert mit Kräuterbutter, ist eine Variante zum **Zander**. Hier ist auch die Verwendung von Flusskrebsen sehr empfehlenswert.

ANRICHTEN

Folie wird verschlossen auf den Teller gebracht, von den Gästen selbst geöffnet, und es wird direkt aus der Folie verspeist.

Mein Tipp für Sie:
Sollte Ihre vorbereitete Grillparty „ins Wasser fallen“, so können Sie die Fischfolien auch im vorgewärmten Backofen garen.

Saltimbocca vom Kaninchenrücken mit Balsamjus, Ofentomatenfilets und Wiesenkräuterrisotto

Zutaten für 4 Personen

Saltimbocca & Sauce
1 Kaninchenrücken am Knochen
1 Kaninchenkeule (ca. 100 g Fleisch ohne Knochen)
30 ml Öl
100 g Sahne
4 Salbeiblätter
1 Tomate
50 g Parmaschinken, hauchdünn geschnitten
200 g Schweinenetz
0,5 l Kalbfond
100 g Röstgemüse (Karotten, Sellerie, Zwiebeln)
Salz
weißer Pfeffer aus der Mühle

Tomatenfilets
4 vollreife Tomaten
Salz
Zucker
Pfeffer aus der Mühle
Olivenöl

Wiesenkräuterrisotto
50 g Schalottenwürfel
30 ml Olivenöl
200 g Risottoreis
200 ml Weißwein
600 ml Geflügelfond
20 g Butter
10 g Kräuterpesto
50 g gehobelter Parmesan

SALTIMBOCCA
Kaninchenrücken von den Sehnen befreien und auslösen (Bauchlappen nicht entfernen). Kaninchenkeule entsehnen, auslösen, würfeln und mit der Sahne, Salz und Pfeffer eine Farce im Mixer herstellen. Kaninchenrücken mit Salz und Pfeffer würzen und die Farce auf die Bauchlappen neben das Filet auftragen. In Streifen geschnittene Tomatenfilets in die Farce einbetten, mit blanchiertem Salbeiblatt belegen und mit der übrigen Farce abdecken. Kaninchenrücken vorsichtig zu einer Rolle formen und in den Parmaschinken einhüllen. Mit Schweinenetz umwickeln, in neutralem Öl anbraten und dann im Ofen 7 Minuten bei 170 °C garen. Danach 7 Minuten in Aluminiumfolie warm ruhen lassen.

SAUCE
Demiglace laut Grundrezept herstellen und zusätzlich die Knochen und Abschnitte vom Kaninchen verwenden.

OFENTOMATENFILETS
Die Tomaten von der Haut und den Kernen befreien und die so entstandenen Tomatenfilets würzen und auf ein mit Öl versehenes Blech legen. Bei geringer Hitzeeinwirkung kann ihnen die Feuchtigkeit im Ofen langsam entzogen werden, bis sie noch saftig, aber sehr aromatisch sind.

WIESENKRÄUTERRISOTTO
Die Schalottenwürfel in Olivenöl glasig dünsten. Reis einstreuen und rühren, bis er glasig ist. Mit dem Weißwein ablöschen und unter Rühren reduzieren lassen. Mit Salz würzen und einen Teil des warmen Geflügelfonds zugeben und reduzieren lassen, dabei immer wieder rühren. Diesen Vorgang wiederholen, bis das Risotto sowohl von kerniger als auch cremiger Konsistenz ist. Butter und Kräuterpesto hinzufügen und abschmecken.

ANRICHTEN
Den Kaninchenrücken in Tranchen schneiden und mit allen Bestandteilen dieses Gerichtes gefällig auf warmen Tellern anrichten. Der gehobelte Parmesan wird auf das Risotto aufgesetzt.

Mein Tipp für Sie:
Geflügelbrühe lässt sich auch wunderbar mit Spargel- oder Gemüsefond austauschen. Demiglaces und andere Saucen sollten Sie je nach Rohstofflage, Lust und Zeit nach und nach auf Vorrat herstellen. In Gläser abgefüllt, stehen sie dann im Kühlschrank zur Verfügung.

Glacierter Lammspieß
auf weißem Selleriepüree mit Schinkenbohnen

Zutaten für 4 Personen

Lammspieß
400 g Lammrückenfilet
50 ml Öl
12 Kirschtomaten
4 Schalotten
4 Thymianzweige
Salz, Pfeffer aus der Mühle

Lammglace
Knochen und Sehnen vom ausgelösten Lammrücken, zerkleinert
30 ml Öl
60 g Zwiebeln
30 g Karotten, 30 g Sellerie
1 TL Tomatenmark
1 Knoblauchzehe
1 Thymianzweig
100 ml Rotwein, Wasser
Pfeffer aus der Mühle
80 g kalte Butterwürfel

Gemüse
200 g breite Bohnen
200 g junge Brechbohnen
40 g durchwachsener Schinken
10 g Butter
Salz, Pfeffer aus der Mühle

Weißes Selleriepüree
300 g Selleriewürfel
150 ml süße Sahne
20 g Butter, Salz, Muskat
weißer Pfeffer aus der Mühle

LAMMSPIESS
Das Lammrückenfilet in Stücke von gewünschter Größe schneiden und würzen. Das Fleisch im Wechsel mit den Kirschtomaten und Schalottenstücken auf Spieße stecken.
Die Lammspieße in Öl braten. Später die Thymianzweige mit in der Pfanne anbraten.

LAMMGLACE
Die zerkleinerten Lammknochen und Sehnen mit dem Gemüse braun rösten, das Tomatenmark hinzugeben, kräftig mitrösten und mit Rotwein ablöschen.
Den Ansatz reduzieren lassen, bis die gewünschte Farbe erreicht ist. Nun die Kräuter und Gewürze hinzugeben und mit Wasser auffüllen, bis alles bedeckt ist. 2 Stunden köcheln und dabei bis auf die Hälfte reduzieren lassen. Durch ein in ein Sieb gelegtes Tuch passieren und im Kühlschrank erkalten lassen. Das gehärtete Fett abnehmen und die Jus nochmals um die Hälfte einkochen, abschmecken und mit kalter Butter binden.

WEISSES SELLERIEPÜREE
Selleriewürfel in Butter dünsten, mit Sahne angießen und 40 Minuten butterweich köcheln lassen. Würzen, im Küchenmixer pürieren, abschmecken und warm stellen.

SCHINKENBOHNEN
Die geputzten Bohnen schneiden, blanchieren und in Eiswasser abschrecken. Den Schinken in sehr feine Würfel schneiden und im eigenen Fett anrösten. Die Bohnen zugeben, würzen und durchschwenken. Kurz vor dem Anrichten mit der Butter verfeinern.

ANRICHTEN
Das Selleriepüree in die Mitte der warmen Teller geben und mit den Bohnen umlegen. Die gebratenen Spieße jeweils auf das Selleriepüree legen und mit Sauce überziehen. Mit den gebratenen Thymianzweigen dekorieren.

Meine Tipps für Sie:
Eine Lammglace muss immer völlig fettfrei sein. Nur so kommt ein sehr feiner Geschmack zustande, der durch das Fett beeinträchtigt würde.
Der Lammspieß wird noch zarter, wenn man ihn, fertig vorbereitet, 2-3 Tage in Öl mit einem Thymianzweig und einer Knoblauchzehe einlegt. So ist er auch wunderbar für den Gartengrill geeignet.

Für eingefleischte Vegetarier: Pfifferlinge mit gekräuterten Semmelknödeln

Zutaten für 4 Personen

Pilze
600 g Pfifferlinge
30 ml Öl
50 g Butter
Wiesenkerbel
Pfeffer aus der Mühle
Salz

Semmelknödel
1/2 Toastbrot
50 ml Öl
0,1 l Milch
50 g Zwiebelwürfel
50 g Butter
2 Eier
20 g frische Kräuter
Salz
Muskat
Weißer Pfeffer aus der Mühle
10 g Butter zum Anbraten

Sauce, vegetarisch
400 g Champignons
100 g Shii-Take-Pilze
100 g Zwiebelwürfel
50 ml Öl
1 EL Tomatenmark
300 ml Rotwein oder Wasser
6 cl Balsamessig
2 cl dunkle Sojasauce
Salz, Pfeffer aus der Mühle
Zucker
Gewürze nach Geschmack
80 g eiskalte Butter

SEMMELKNÖDEL (SERVIETTENKNÖDEL)
Toastbrot in 1 cm große Würfel schneiden und davon die Hälfte in Öl zu goldgelben Croûtons anbraten. In einer Schüssel alle Brotwürfel vermengen und mit heißer Milch überbrühen. Zwiebelwürfel in Butter glasig dünsten und zur Knödelmasse geben. Eier mit Gewürzen sowie fein gehackten Kräutern verquirlen und hinzufügen. Alle Zutaten zu einem Teig verrühren, in ein Leinentuch oder Aluminiumfolie rollen, fest einbinden und ca. 30 Minuten in Salzwasser garen.

PFIFFERLINGE
Pfifferlinge in Öl anbraten, etwas später die Butter hinzufügen und durchschwenken. Erst zum Schluss die Gewürze und Kräuter mit einschwenken.

BRAUNE VEGETARISCHE SAUCE
Klein geschnittene Pilze und Zwiebeln in Öl braun anbraten. Tomatenmark hinzugeben, alles kräftig braun rösten und mit Rotwein und Wasser ablöschen. Guten Balsamico, Sojasauce und Gewürze zugeben. Den Fond 1 Stunde leise köcheln lassen und durch ein Sieb drücken. Nochmals aufkochen, mit eiskalter Butter binden und servieren.

ANRICHTEN
Semmelknödel in Scheiben schneiden und in Butter anbraten, mit den Pfifferlingen auf vorgewärmten Tellern anrichten und mit Sauce vollenden.

Meine Tipps für Sie:
Pfifferlinge nach dem Putzen gründlich mit kaltem Wasser waschen und in einem Leinentuch trocken schleudern.
Die Champignons für die Sauce können schon offen sein und braune Lamellen haben. Die erste Wahl wäre hier nicht notwendig.

Grießpudding nach Oma Meta

Zutaten für 4 Personen

Pudding
0,5 l Milch
30 g Weichweizengrieß
40 g Zucker
1 Vanilleschote
eine Prise Salz
1 Päckchen Puddingpulver mit Vanillegeschmack
60 g „gute" Butter

Fruchtsauce
ein Glas eingewecktes Obst nach eigenem Gusto
1-2 cl Zitronensaft
etwas Zucker
Vanille-Saucenpulver

Ein kleiner Schatz meiner Großmutter war ihr eingewecktes Obst auf dem Schrank im kalten Schlafzimmer. Meist waren es schwarze Johannisbeeren, Blaubeeren, Brombeeren und entsteinte Sauerkirschen.
Ihr Grießpudding bekam eine besondere Note durch die „gute" Butter.

GRIESSPUDDING
0,2 l der kalten Milch mit dem Puddingpulver glatt rühren. Die übrige Milch mit dem Grieß, Zucker, dem Vanillemark und der Prise Salz zum Köcheln bringen. Jetzt mit dem angerührten Puddingpulver binden und aufkochen lassen. Vom Herd ziehen und nun zügig die kalte Butter einrühren. In ausgespülte Formen geben, glatt streichen und kühl stellen.

FRUCHTSAUCE
Die eingeweckten Früchte mit einem Sieb vom Fruchtsaft trennen. Ein Drittel des Saftes mit Vanille-Saucenpulver glatt rühren. Die verbliebenen zwei Drittel des Fruchtsaftes zum Köcheln bringen. Mit Zitronensaft verfeinern und je nach Süße des Saftes nachzuckern. Mit dem angerührten Saucenpulver binden und kurz unter ständigem Rühren aufkochen lassen. Die Früchte hinzufügen, pürieren, passieren und in einer Schüssel auf Eiswasser vorsichtig kalt rühren.

ANRICHTEN
Fruchtsauce auf dem Teller verteilen und den Pudding darauf stürzen.

Meine Tipps für Sie:
Die ausgekratzte Vanilleschote zur Geschmacksverstärkung in der Milch mitkochen und beim Anrichten als Dekor verwenden.
Vanilleschoten, aufbewahrt in einem Glas mit Kristallzucker, ergeben einen sehr guten, natürlichen Vanillezucker.
Mit verbliebenen reifen Früchten, die man für die Sauce verwendet hat, lässt sich auch herrlich garnieren.

Ernte der Wildpflaumen

Im Nebel ruhet noch die Welt
noch träumen Wald und Wiesen.
Bald siehst du, wenn der Schleier fällt,
den blauen Himmel unverstellt
herbstkräftig die gedämpfte Welt
im warmen Golde fließen.

(Eduard Mörike)

Leise und ganz allmählich verabschiedet sich der Sommer. Während sich morgens die Sonnenstrahlen in taubenetzten Spinnweben verfangen, wird es am Tage noch richtig warm, und am Abend tritt dann doch die Dämmerung immer früher ein. Bald wird uns der Herbst mit seinem opulenten Farbenspiel verwöhnen. Er ist die Jahreszeit der Vergänglichkeit und auch der Höhepunkt des Sommers, der mit der Ernte sein großes Finale hat.

Wie in jedem Jahr hoffen wir, dass er leise Einzug hält und die Fröste noch lange auf sich warten lassen.

Wie geheimnisvoll sind in den Morgenstunden die sanften Frühnebel auf den noch saftigen Wiesen. Wie unwirkliche, fast schwebende Erscheinungen bemerken wir die Kühe, die immer noch auf den Weiden sind.

Was macht diese Jahreszeit auf unserer Insel so einmalig?

Das ohrenbetäubende Getöse der Wellen bei tobender See und der Zauber der Stille, wenn man sich hinter einer Düne oder durch die Buchenwälder langsam vom Meer entfernt. Erst dann spürt man die behagliche Wärme im Gesicht, ein natürliches Peeling, vom Sturm verursacht. In diesen Wäldern, direkt am Steilufer, verbergen sich die schönsten Steinpilze, Pfifferlinge, Maronen und Riesenschirmpilze. Wo sonst kann man Pilze finden und dabei einen grandiosen Blick auf die Ostsee genießen? Es erscheint irgendwie unwahr, sich mit einem pilzgefüllten Korb ein letztes Mal dem Meer zuzuwenden und dabei ein großes Schiff vorbeifahren zu sehen.

Zu den Steinpilzen gehören natürlich würdevolle Begleiter. Reh ist das zarteste Fleisch, das unsere Wildküche zu bieten hat. Unsere Jäger versorgen uns jetzt reichlich damit. Eine kleine, fest kochende Moorkartoffel mit dem wohlklingenden Namen Sieglinde, in der Schale gekocht und in Butter geschwenkt, wird nun auch ganz frisch aufgetischt.

Es ist auch soweit, die reifen Schätze von den Bäumen und Sträuchern zu holen, die lange und liebevoll von der Sonne gestreichelt wurden. Die Aromen der Äpfel, Pflaumen, Birnen, Quitten, Maronen, und die des Sanddorns, der Hagebutten und der Trauben warten darauf, in Gläser eingefangen zu werden. Es ist die Freude an den kleinen Dingen, die uns bereichert, wie die Liebe, die in einem Glas selbst gemachter Konfitüre steckt oder der Anblick eines schön gedeckten Tisches, der die Vorfreude auf den Genuss eines guten Essens weckt.

Gutes Essen erwartet uns, wenn wir von unseren Fischern frische Fische aus Bodden und Ostsee holen.

Aus Aal, Hecht, Ostseelachs und Boddenzander lassen sich so manche Köstlichkeiten zaubern.

Von unseren Gemüse- und Kräuterbeeten ernten wir jetzt das Blatt und die scharfe Blüte der Kapuzinerkresse, die Blüten der Ringelblume und die jetzt zur vollen Reife gelangten Tomaten und Kürbisse.

Die Wildkräuter auf unserer von Schafen beweideten Wiese treiben auch im Herbst immer wieder neu durch, so dass wir auch jetzt aus Schafgarbe, Vogelmiere, Wiesenkerbel, Sauerampfer und Karottenblüten fein nuancierte Salate herstellen können.

Kohl ist nicht mehr vom Speiseplan wegzudenken. Dieser herbstliche Genuss hat auf der Insel Rügen eine lange Tradition. Überall werden spezielle Gerichte, mit viel Liebe zum Detail, aus ihm gezaubert. Er hat so etwas Anheimelndes, das uns langsam auf den Winter, die Jahreszeit mit den sanften Farben und der Besinnung, einstellt. Am Abend sieht man in allen Häusern Kerzenlicht und in den Gärten werden die letzten Feuer entzündet.

Kräutervlies-Carpaccio vom Ostseewildlachs mit Feldsalat und Kresseblüten

Zutaten für 4 Personen

Carpaccio
200 g Wildlachsfilet

ca. 80 g Kräutermasse, bestehend aus:
Dill
Schnittlauch
Kerbel
Knoblauchrauke
Thymian
geriebene Zitronenschale
Limettensaft
Öl
grober Senf
Honig
Pfeffer aus der Mühle

Garnitur
50 g Endiviensalat
20 Kresseblüten
Vogelmiere

Dressing
1 Eigelb
Saft einer Zitrone
40 g Honig
20 ml weißer Balsamessig
100 ml gutes Olivenöl
1 Zweig Zitronenthymian
Salz
Zucker
Pfeffer aus der Mühle

KRÄUTERVLIES-CARPACCIO

Aus allen Zutaten für die Kräutermasse mit dem Küchenmixer eine streichfähige Masse herstellen.

Frisches Lachsfilet mehrmals quer auf-, aber nicht durchschneiden, so dass eine zusammenhängende Fläche entsteht. In einer Plastiktüte plattieren. Die entstandene Fläche mit der Kräutermasse bestreichen und zu einer Rolle formen. Nun mit Klarsichtfolie straff, so dass keine Hohlräume entstehen, einrollen und nochmals mit Aluminiumfolie stabilisieren. Ca. 2 Stunden tiefkühlen.

ZITRONENTHYMIANDRESSING

Eigelb und Zitronensaft mit Balsamessig, Salz, Zucker, Pfeffer, Thymianblättern und Honig im Becher aufmixen. Dabei nach und nach das Olivenöl bis zur leichten Bindung zugeben.

ANRICHTEN

Aus Endivien, Kresseblüten und Vogelmiere in der Mitte der sehr kalten Teller ein Bukett anrichten. Carpaccio mit der Aufschnittmaschine hauchdünn aufschneiden und kreisförmig um das Salatbukett legen. Das Dressing immer extra reichen.

Mein Tipp für Sie:
Für dieses Rezept eignen sich auch andere frische Fischfilets.

Cappuccino vom Reh mit Thymianblüten

Zutaten für 4 Personen

Brauner Rehfond
1 kg Rehknochen
50 ml Pflanzenöl
50 g Möhren
50 g Sellerie
50 g Zwiebeln
1 Tomate
0,2 l Rotwein
1 l Wasser
(Salz)
Pfefferkörner
1 Thymianzweig
Lorbeer nach Geschmack
Wacholderbeeren

Kraftbrühe vom Reh
400 g Rehschulter als Klärfleisch (Kraftfleisch)
20 g Möhrenwürfel
50 g Selleriewürfel
20 g Zwiebelwürfel
0,1 l Rotwein
(Salz)
Pfefferkörner
Wacholderbeeren
2 Eiklar
600 ml brauner Rehfond

100 ml Milch (3,5 %)
Thymianblüten

BRAUNER REHFOND

Am Vortag die klein gehackten Knochen in heißem Öl kräftig anbraten, schrittweise die gewürfelten Gemüse zugeben und mitrösten. Mit Rotwein ablöschen, die Gewürze zugeben und mit Wasser auffüllen. Den Fond 2 Stunden leise köcheln und dabei immer den Schaum vorsichtig abschöpfen. Der Fond sollte und die Hälfte reduziert sein. Nun durch ein mit einem Küchentuch ausgelegtes Sieb passieren. Den fertigen Fond nach dem Erkalten in den Kühlschrank stellen und später die feste Fettschicht von der Oberfläche abheben.

KRAFTBRÜHE VOM REH

Um eine klare und kräftige Brühe zu erhalten, muss der Fond mit Klärfleisch geklärt werden. Hierzu wird das Rehfleisch durch den Wolf gelassen und mit den Gemüsewürfeln, dem Rotwein, den Gewürzen und den zerschlagenen Eiweißen zu einer breiigen Masse verrührt. Diese Masse in einen Topf geben und mit dem Rehfond übergießen. Alles verrühren und langsam zum Kochen bringen, wobei mehrmals vorsichtig mit dem Rührlöffel verhindert werden muss, dass das Klärfleisch am Topfboden klebt! Eine Stunde lang bei milder Hitze sanft wellen, und danach eine halbe Stunde ziehen lassen. Wieder, wie schon beim Fondansatz beschrieben, passieren und, wenn erforderlich, das Fett mit Küchenkrepp vorsichtig von der Oberfläche ziehen. Mit Salz würzen.

ANRICHTEN

Warme Milch mit Stabmixer oder Mixer aufschäumen. Die Rehbrühe in heiße Kaffeetassen füllen und nur den oberen Milchschaum, wie bei einem Cappuccino, auf die Brühe geben und mit Thymianblüten vollenden.

Mein Tipp für Sie:
Bei der Herstellung aller Saucen, Brühen und Fonds ist Vorsicht im Umgang mit Salz geboten. Durch das Reduzieren verstärkt sich der Salzgehalt enorm. Deshalb sollten Sie immer erst zum Schluss mit Salz abschmecken.

Rahmsuppe von Waldpilzen mit gefüllter Eierkuchenrolle

Zutaten für 4 Personen

Waldpilzsuppe
600 g Pilze
(Pfifferlinge und Steinpilze sind besonders geeignet)
100 g Schalotten
oder Zwiebeln
60 g Butter
500 ml Geflügelbrühe
200 ml Milch
30 g Butter
zum Anbraten der Pilze
30 ml Rapsöl, kalt gepresst
Mehl
Salz
weißer Pfeffer aus der Mühle
Zucker

Eierkuchenröllchen
25 g Weizenmehl
1 Ei
70 ml Milch
1 TL Schinkenwürfel
1 TL Schnittlauchröllchen
1 EL Pilzwürfel
Salz
Pfeffer aus der Mühle
Öl

WALDPILZSUPPE

Die Pilze putzen, mit kaltem Wasser waschen, auf Küchenkrepp legen und nach Qualitäten sortieren: Die großen, nicht so stabilen Pilze werden für den Suppenansatz und als Füllung der Eierkuchenrolle verwendet. Die kleinen und festen Pilze dienen als Suppeneinlage.

Die großen Pilze grob schneiden, mit Schalottenwürfeln in Butter anschwitzen, Brühe und Milch aufgießen und nach dem Würzen ca. 30 Minuten köcheln lassen. Mit dem Stabmixer pürieren und durch ein feines Sieb passieren.

SUPPENEINLAGE

Während die Suppe köchelt, wird die Eierkuchenrolle vorbereitet. Das Eigelb wird vom Eiklar getrennt. Aus Eigelb, Milch, dem Mehl und einer Prise Salz einen Eierkuchenteig rühren. Hauchdünnen, hellgelben Eierkuchen in der Pfanne braten und bereitstellen.

Schinkenwürfel in der Pfanne auslassen und die Pilzwürfel darin anschwitzen. Dann den Schnittlauch hinzufügen und die Masse abkühlen lassen.

Der Eierkuchen wird nun mit Eiklar bestrichen, und darauf wird die Pilzmasse dünn aufgetragen. Den Eierkuchen vorsichtig aufrollen und mit gebutterter Aluminiumfolie stabilisieren. Im Wasserbad ca. 10 Minuten gar ziehen.

ANRICHTEN

Die kleinen, festen Pilze in gleich große Stücke schneiden und kurz in der ganz heißen Pfanne in wenig Öl anbraten. Die Eierkuchenrolle in Tranchen portionieren. Suppe nochmals aufmixen, in warmen Tellern anrichten, die gebratenen Pilze als Einlage in der Mitte platzieren und Eierkuchenröllchen aufsetzen.

Mein Tipp für Sie:
An Stelle der Waldpilze lassen sich auch Shii-Take-Pilze und Champignons gleicher Größe verwenden.
Im Winter kann man diese Suppe auch mit getrockneten Pilzen herstellen.

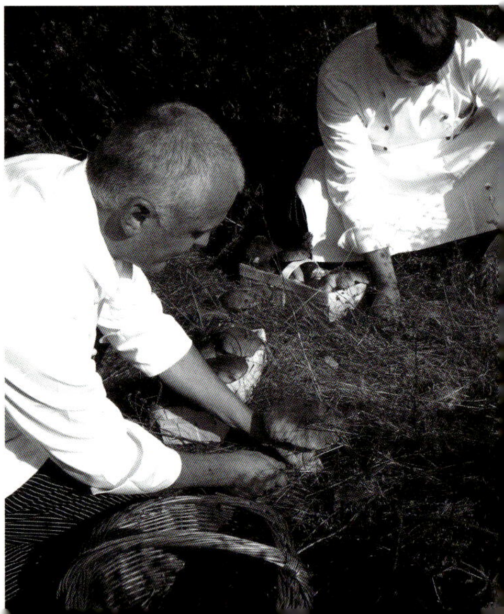

Boddenzanderfilet mit Steinpilzen und Graupenrisotto

Zutaten für 4 Personen

Fisch
400 g Zanderfilet
50 ml Öl
10 g Butter
Salz, Pfeffer, Mehl

Pilze
800 g Steinpilze (zum Braten und für die Sauce)
10 ml Öl, 20 g Butter, Salz
weißer Pfeffer aus der Mühle

Steinpilzsauce
300 g Pilze und Pilzabschnitte
60 g Butter
100 g Schalotten
10 g getrocknete Pilze
2 cl Brandy
200 ml süße Sahne
200 ml Geflügelbrühe oder Pilzfond
Salz
weißer Pfeffer aus der Mühle

Graupenrisotto
30 ml Olivenöl
50 g feine Schalottenwürfel
20 g feineSelleriewürfel
30 g feineKarottenwürfel
150 g Gerstengraupen
100 ml Weißwein
500 ml Geflügelfond
20 g Butter
50 g Parmesan, gerieben
Salz

BODDENZANDERFILET
Das Fischfilet portionieren, würzen und in Mehl wenden. Überschüssiges Mehl kräftig abklopfen. Im heißen Öl von beiden Seiten anbraten, Butterflocken zufügen und weiter saftig braten.

STEINPILZE
Pilze in Öl anbraten, etwas später die Butter hinzufügen und durchschwenken. Erst zum Schluss würzen.

STEINPILZSAUCE
Pilzabschnitte und die ausgedrückten, getrockneten Pilze mit den Schalottenwürfeln in Butter anschwitzen, mit Brandy ablöschen und flambieren. Den Fond der eingeweichten Pilze hinzugeben, mit der Sahne und dem Geflügel- oder Pilzfond auffüllen. Würzen und 1 Stunde köcheln lassen. Mit dem Stabmixer pürieren und durch ein Sieb passieren.

GRAUPENRISOTTO
Die Schalottenwürfel im Öl glasig dünsten. Die anderen Gemüse hinzugeben und weiter dünsten. Graupen einstreuen und solange rühren, bis auch diese glasig sind. Mit Weißwein ablöschen, mit Geflügelfond auffüllen und salzen. Die Graupen immer wieder umrühren, damit nichts ansetzt. Wenn eine kernige als auch cremige Konsistenz erreicht ist, Butter und Parmesan unterheben.

ANRICHTEN
Zanderfilet in die Mitte der warmen Teller aufsetzen. Die Pilze ringsherum anrichten und mit der Rahmsauce überziehen. Das Graupenrisotto extra reichen.

Mein Tipp für Sie:
Sollte die Aufnahmefähigkeit der Graupen größer sein als die vorhandene Brühe, Wasser angießen, damit der Brühgeschmack nicht zu intensiv wird.

Aalfilet mit Pfefferkruste auf Bohnenkernen in Demiglace

Zutaten für 4 Personen

Fisch
400 g Aalfilet
50 ml Öl
Mehl
Salz
grober Pfeffer aus der Mühle

Gemüse
200 g große, weiße Bohnenkerne
40 g Butter
1 l Wasser
100 ml Sahne
1 Knoblauchzehe
1 Thymianzweig
Schnittlauchröllchen
Salz
Zucker

Sauce
200 ml Demiglace
(nach Grundrezept auf S. 94)
10 ml alter Balsamessig
1 Prise Zucker

FISCH

Aalfilet in 3 cm lange Stücke schneiden und salzen. Mit grobem Pfeffer bestreuen und fest andrücken. In Mehl wälzen und in Öl braten.

BOHNENKERNE IN DEMIGLACE

Die Bohnenkerne einen Tag zuvor in Wasser einweichen. Bohnen in ein Sieb gießen und abspülen. In kaltem Wasser ansetzen und zum Kochen bringen. Salz, Zucker, Knoblauchzehe und Thymianzweig hinzugeben. Zugedeckt bei milder Hitze sanft garen, bis die Bohnenkerne weich sind. Sie dürfen nicht zerfallen. Kochwasser abgießen und die Kerne in Butter mit Schnittlauchröllchen anschwenken. Mit Demiglace überglänzen.

BOHNENSCHAUM

Aus etwas Kochwasser der Bohnen, Bohnenkernen und Sahne lässt sich leicht mit Hilfe eines Stabmixers ein Bohnenschaum herstellen, der zum Verfeinern des Gerichtes dienen kann.

Mein Tipp für Sie:
Wenn Sie Fisch und Fleisch mit viel Pfeffer braten, dann die Stücke nicht zu kross werden lassen. Pfefferkörner enthalten Zucker, und so entstehen bei zu starker Hitze Bitterstoffe.

Medaillons vom Rehrücken
mit Jus, gebratenen Pilzen, Preiselbeeren und Serviettenknödeln

Zutaten für 4 Personen

Reh
500 g ausgelöster Rehrücken
40 ml Pflanzenöl
Salz, Pfeffer aus der Mühle

Jus (Sauce)
(siehe Grundrezept
für Demiglace auf S. 92)

Pilze
400 g geputzte Pilze
20 ml Pflanzenöl
20 g Butter
1/4 Bund Schnittlauch
Salz
Pfeffer aus der Mühle

Preiselbeeren
300 g Preiselbeeren
100 g Zucker
200 ml Rotwein
1 cl Crème de Cassis

Serviettenknödel
1/2 Toastbrot
100 ml Milch
50 g Zwiebeln
25 ml Öl
25 g Butter
2 Eier
Salz
Muskat
weißer Pfeffer aus der Mühle
Kräuter nach eigenem Gusto

MEDAILLONS VOM REHRÜCKEN

Das Rehrückenfilet mit einem scharfen Messer von allen Sehnen befreien und in zwei gleich große Stücke schneiden, die mit Salz und Pfeffer gewürzt werden. Zuerst das dickere Stück und etwas später das dünnere Teil in die Pfanne geben und von allen Seiten anbraten. Dann 10-12 Minuten bei 100 °C im Ofen weitergaren. Kurz ruhen lassen und dann die beiden Filetteile zu je 6 Medaillons aufschneiden.

REHJUS

Herstellung nach dem Grundrezept der Demiglace auf Seite 94.

GEBRATENE PILZE

Pilze in Öl anbraten, etwas später die Butter hinzufügen und durchschwenken. Erst zum Schluss die Gewürze und Schnittlauchröllchen mit einschwenken.

GLACIERTE PREISELBEEREN

Zucker im Topf, ohne dass er Farbe nimmt, schmelzen lassen. Mit Rotwein ablöschen und einkochen. Beginnt die Flüssigkeit dick zu werden, Preiselbeeren und Cassislikör zugeben und kurz aufkochen. Vom Herd nehmen und 5 Minuten ziehen lassen.

SERVIETTENKNÖDEL

Toastbrot in gleichmäßig große Würfel schneiden. Die Hälfte dieser Würfel in Öl zu Croûtons braten. Beides in einer Schüssel miteinander vermengen und mit heißer Milch übergießen. In Butter gedünstete Zwiebelwürfel, verrührte Eier, Gewürze und Kräuter zufügen und zu einem lockeren Teig vermengen. Eine Walze formen, in einem Küchentuch locker einwickeln und die Enden zubinden. In Salzwasser gar ziehen, auswickeln, in Scheiben schneiden und in ausgelassener Butter goldgelb anbraten.

Vegetarischer Teller: Selbst gesuchte Pilze in Rahmsauce mit jungen Kartoffeln oder Brot

Zutaten für 4 Personen

Pilze
600-800 g Pilze
30 ml Öl
50 g Butter
Wiesenkerbel oder Petersilie
Salz, Pfeffer aus der Mühle

Kartoffeln
20 kleine Kartoffeln
10 g Butter
Salz

Pilzrahmsauce
300 g Pilze und Putzabschnitte
50 g getrocknete Pilze, in kaltem Wasser eingeweicht
100 g Schalottenwürfel
60 g Butter
2 cl Brandy
200 ml süße Sahne
Salz
weißer Pfeffer aus der Mühle

Kartoffelbrot
500 g Kartoffeln
100 ml Wasser
1 Päckchen Trockenhefe
200 g Roggenmehl
300 g Weizenmehl
200 g Sauerteig vom Bäcker
20 g Salz
2 EL Rapsöl

PILZE

Pilze in Öl anbraten, etwas später die Butter hinzufügen und durchschwenken. Erst zum Schluss die Gewürze und Kräuter mit einschwenken.

PILZRAHMSAUCE

Pilzabschnitte und die ausgedrückten, getrockneten Pilze mit den Schalottenwürfeln in Butter anschwitzen, mit Brandy ablöschen und flambieren. Den Fond der eingeweichten Pilze hinzugeben und mit der Sahne auffüllen. Würzen und 1 Stunde köcheln lassen. Mit dem Stabmixer pürieren und durch ein Sieb passieren.

JUNGE KARTOFFELN

Kartoffeln als Pellkartoffeln kochen und warm pellen. Kurz vor dem Servieren in Butter anschwenken.

KARTOFFELBROT

Die Kartoffeln in der Schale weich kochen, pellen und sofort durch eine Presse drücken und abkühlen lassen. In einer großen Schüssel das Wasser mit der Hefe verrühren, bis sie sich aufgelöst hat. Alle Zutaten und die Kartoffelmasse mit in die Schüssel geben und alles zu einem glatten Teig verkneten. Abdecken und 1 Stunde gehen lassen. Den Teig auf der bemehlten Arbeitsfläche nochmals durchkneten und zu 2 Brotlaiben formen. Auf ein mit Backpapier ausgelegtes Blech legen, mehrmals einschneiden und nochmals 30 Minuten an warmer Stelle abgedeckt gehen lassen. 35 Minuten bei 180 °C backen.

ANRICHTEN

Pilze und Kartoffeln auf vorgewärmten Tellern anrichten. Pilzrahmsauce schaumig mixen und über die Pilze ziehen. Mit frischen Kräutern garnieren.

Mein Tipp für Sie:
Sollten Ihnen beim Kochen von Saucen oder Fonds Flüssigkeiten einmal zu stark reduzieren oder einkochen, so können Sie dies stets mit Wasser wieder ausgleichen.

Renaissance der Mecklenburger Götterspeise

Zutaten für 4 Personen

Schokoladen-Pumpernickel Bisquit
50 g bittere Kuvertüre
4 Eigelbe
75 g Zucker
4 Scheiben Pumpernickel, getrocknet und gehackt
40 g Butter, lauwarm, geschmolzen
4 Eiweiß
100 g Mehl
20 g Kakaopulver

Sahnecreme
0,25 l Milch
1 Päckchen Vanillezucker
2 Eigelb
70 g Zucker
4 Blatt Gelatine
0,25 l geschlagene Sahne

Kirschgelee
300 g Sauerkirschen, entsteint (frisch, eingeweckt oder gefroren)
200 ml Sauerkirschsaft
80 g Zucker
1 Päckchen Vanillepuddingpulver

SCHOKOLADEN-PUMPERNICKEL-BISQUIT

Eigelbe mit der Hälfte des Zuckers mit dem Schneebesen weißschaumig aufschlagen. Die geschmolzene Kuvertüre und die Butter zugießen und unter die Eimasse rühren. Sie darf nicht zu kalt sein! Eiweiße mit der verbliebenen Hälfte des Zuckers steif schlagen und unterheben. Den fein gehackten Pumpernickel einstreuen. Mehl und Kakao vermischt und gesiebt unter die Masse heben. Die Masse auf ein mit Backpapier ausgelegtes Backblech gleichmäßig auftragen und bei 180 °C 12-15 Minuten backen. Noch im warmen Zustand das Backpapier abziehen. Bisquit als Basis in eine Form legen, überstehende Kanten abschneiden und einen Streifen zum späteren Abdecken bereit legen.

KIRSCHGELEE

Die Hälfte des Kirschsaftes mit dem Zucker zum Kochen bringen. Den verbliebenen Saft mit Puddingpulver verrühren, damit den heißen Saft binden und klar kochen lassen. Vom Herd nehmen und die Kirschen zugeben. Vorsichtig über Eiswasser kalt rühren.

SAHNECREME

Die Milch mit Vanillezucker und der halben Menge des Zuckers kurz aufkochen. Die Eigelbe mit dem verbliebenen Zucker schaumig schlagen, die heiße Milch auf die Eigelb-Zuckermasse geben und „zur Rose“ cremig abziehen. Die im kalten Wasser eingeweichte Gelatine ausgedrückt dazugeben. Die Masse über Eiswasser kalt schlagen, bis sie anzieht. Die steif geschlagene Sahne zügig unter die stockende Masse heben.

HERSTELLUNG

Die Hälfte der Sahnecreme auf den in der Form befindlichen Bisquit auftragen, das Kirschgelee in die Mitte einbetten und mit der verbliebenen Sahnecreme abdecken.
Gefüllte Form mit dem Bisquitstreifen verschließen und mit Klarsichtfolie umhüllen. 3 Stunden gut durchkühlen lassen, vorsichtig stürzen und wie gewünscht portionieren. Mit verschiedenen Dessertsaucen oder frischen Kirschen dekorieren.

Mein Tipp für Sie:
Dieses Dessert ist auch als Kuchen zum Kaffee sehr lecker.

Winter am Meer – willkommen im Wunderland

Wenn die Herbststürme die letzten goldenen Blätter aus den Kronen der Bäume geweht haben, beginnt sich die winterliche Landschaft von ihrer trüben Seite zu zeigen. Aber Rügen zeigt auch hier Lichtblicke.

In manchen Jahren friert die Ostsee ganz zu. Das Wasser wird immer träger, und ganz allmählich deuten sich die Wellen nur noch unter der fast erstarrten See an. Schließlich hat sich eine stabile Eisdecke gebildet, die zu Spaziergängen auf dem Eis einlädt. Ein ablandiger Wind mit steifer Brise kann dann die gesamte Eisdecke in Richtung Usedom treiben, und die Sonne lässt das Blau des Himmels in dem frei geschobenen Wasser reflektieren. Dreht der Wind nach einigen Tagen, ist das Eis plötzlich wieder da und bei Sturm türmen sich dann meterhohe Eisberge am Strand. Der Winter zeigt sich auf diese ganz besondere Art von seiner besten Seite.

Er ist uns jetzt willkommen. Wir freuen uns auf den frosttoleranten Grün- und Rosenkohl und auf die Schlehen, die erst nach dem ersten starken Frost gepflückt und zu Gelee oder Likör verarbeitet werden können.

Auch die Winterpilze warten jetzt darauf, gefunden zu werden. Austernpilze, silbergrau und sehr fest, findet man an abgestorbenen Pappeln, Buchen und sehr alten Holunderbüschen.

Draußen ist ein kalter, nebliger Wintertag. Es ist höchst unwahrscheinlich, dass die Sonne es schafft, ihre Strahlen durch den dicken Dunst zu schicken. Solch ein Tag ist wie geschaffen, gemeinsam einen Fischeintopf oder eine Kartoffelsuppe mit selbst gebackenem Brot und danach Bratäpfel mit Trauben und Mandeln zu genießen. Der gute, alte Boskop eignet sich hierzu am besten. Seit seiner Ernte wartet er auf dem Dachboden sittsam auf seinen Auftritt. Herrliche, köstliche Düfte durchziehen das ganze Haus. Wenn die Natur schläft, verwöhnen wir unsere Sinne mit dem Glanz vieler Kerzen und heiterer Geselligkeit. Es beginnen nun die Abende der Besinnung und der kulinarischen Verlockungen.

Über Nacht ist der erste Schnee gefallen, die Sonne scheint und es ist bitterkalt. Die ganze Insel hat ein weißes Kleid angezogen und der Schnee verwandelt vertraute Landschaften in glitzernde Märchenwelten. Jetzt zieht es alle hinaus zu ausgiebigen Spaziergängen durch die verträumte Natur. Eine Wanderung über die Deiche, vorbei an Vogelkolonien in ihren Winterquartieren, wird zu einem unvergessenen Ereignis. Es ist eine einzige Faszination, wenn sich ein Schwanenpaar langsam fast bis auf Augenhöhe nähert, ganz nah ist, uns einige Augenblicke begleitet und unseren Weg dann kreuzt. Das singende Geräusch der Flügelschläge, das angenehme Gänsehaut verursacht, und den Blick dieser Vögel wird man nie vergessen.

An solchen Tagen sieht man auch Tiere, die sich sonst sehr selten zeigen. Der Fuchs trottet über das Eis, in der Hoffnung, ein totes Tier zu finden. Ein Seeadler zieht seine Kreise und hält angestrengt Ausschau nach Beute. Solche Begegnungen machen uns klar, dass wir in dieser Welt nur zu Gast sind.

Langsam entfernen sich alle Geräusche, und uns umfängt wieder watteweiche Winterstille. Nach der Strenge des Eises freuen wir uns auf die anheimelnde Wärme des Hauses. Jetzt sehnen wir uns nach etwas Kräftigem. Wildbret kommt auf die Tafel, am liebsten Reh, gefolgt von Wildschwein und Fasan. Und später am Abend noch etwas Süßes, denn es ist die Zeit für Orangen, Nüsse und Schokolade.

Die Tage sind kurz, und trotz aller Beschaulichkeit gilt es auch jetzt, die Schätze der Natur zu verarbeiten. Sie sind nun an der Reihe – die großen Kürbisse, die seit dem Herbst, dekorativ aufgereiht, in der kühlen Diele liegen. Es macht Freude, diese Riesenfrüchte als Konfitüre und Gelee in kleine Gläser zu bannen und immer wieder neue Rezepte auszuprobieren. Auf diese Weise verkürzen wir uns die kalte Jahreszeit und entdecken bei einem Spaziergang im Februar die ersten Schneeglöckchen und kleinen Winterlinge, die uns auf das noch schlummernde essbare Grün in Form von Wildkräutern hoffen lassen.

DIE HERAUSFORDERUNG!

Perlhuhngalantine mit Winterendivie, Chicorée und Sanddorndressing

Zutaten für 4 Personen

Farce
200 g Perlhuhnbrust
180 g süße Sahne
je 50 g feine Gemüsewürfel von Sellerie und Karotten
80 g helles Lauch
10 g geröstete Pinienkerne
Salz, Muskat
Pfeffer aus der Mühle
1 cl Weinbrand

Galantine
1 Perlhuhn von ca. 1,2 kg
1 l Geflügelbrühe
Salz, Pfeffer aus der Mühle

Salat
je 1 Chicorée, rot und weiß
1 Endiviensalat (Frisée)
Gemüse in Marinade:
1 Karotte
1 Rote Bete
200 ml Kräuteressig (10%)
200 g Zucker, 10 g Salz
1 EL Senfkörner, 2 Pfefferkörner

Dressing
100 ml Sanddornsaft oder 250 g Sanddornbeeren
3 Eigelb, 100 g Honig
50 ml Fond vom süß-sauren Kürbis
300 ml Rapsöl, kalt gepresst
Pfeffer aus der Mühle

FARCE

Die Perlhuhnbrust klein schneiden und im Mixer pürieren. Salz, Pfeffer und Muskat zugeben, mit Sahne aufgießen und nochmals mixen, bis die Masse bindet und zu glänzen beginnt. Die blanchierten Gemüsewürfel, fein geschnittene Lauchröllchen und Pinienkerne unterheben und mit dem Weinbrand abrunden.

PERLHUHNGALANTINE

Das Perlhuhn mit Hilfe eines spitzen Messers auslösen und alle Fleischteile vom Knochengerüst trennen, wobei die Haut nicht abgezogen wird. Knorpelreste und Sehnen entfernen. Alle Fleischteile mit der Haut nach unten auf Klarsichtfolie zu einem Rechteck auslegen. Mit Klarsichtfolie bedecken und mit Hilfe einer Sauteuse vorsichtig plattieren. Obere Folie wieder entfernen und das Fleisch würzen. Gleichmäßig mit Farce bestreichen, so dass die gesamte Fläche dieselbe Höhe hat, und vorsichtig einrollen. In Leinen einwickeln und wie einen Rollschinken mit Band umwickeln. Nun langsam bei 90 °C je nach Kaliber 35-45 Minuten in der Geflügelbrühe garen und darin auch unter Zugabe von Eiswürfeln erkalten lassen.

SALAT

Rote Bete und Karotte putzen, in gewünschte Formen schneiden und garen. Aus Zucker, Essig, Salz, Senfkörnern und Pfeffer einen Fond kochen und erkalten lassen. Die Karotten und Rote Bete einlegen und mindestens 2 Tage gut durchziehen lassen.
Die Salate putzen, waschen und in gewünschte Formen schneiden.

SANDDORNDRESSING

Sanddornsaft mit dem Eigelb verrühren. Honig und Kürbisfond hinzufügen, würzen und abschmecken. Mit Rapsöl aufmontieren.

ANRICHTEN

Nach ästhetischem Empfinden den Salat zusammen mit dem eingelegten Gemüse und der tranchierten Galantine auf die Teller bringen und mit dem Sanddorndressing abrunden.

Mein Tipp für Sie:
Das eingelegte Gemüse hält sich, mit dem Fond bedeckt, mehrere Wochen im Kühlschrank.

MEIN KLASSIKER:
Kartoffelsuppe in der eigenen Schale serviert

Zutaten für 4 Personen

Kartoffelsuppe
4 große Kartoffeln
(mehlig kochend)
100 g Selleriewürfel
50 g Karottenwürfel
100 g Zwiebelwürfel
80 g Butter
1/2 l kräftige Brühe
200 ml süße Sahne
Salz
Muskat
Pfeffer aus der Mühle
Majoran
Thymian
Schnittlauchröllchen

KARTOFFELSUPPE
Kartoffeln gründlich waschen, oberes Drittel abschneiden und mit dem Kugelausstecher aushöhlen, ohne dass die Schale verletzt wird. So blanchieren, dass die Kartoffel gar, aber nicht zu weich ist. Das Kartoffelfleisch mit Karotten, Sellerie und Zwiebeln in Butter dünsten, mit Brühe angießen, weich köcheln und Sahne hinzufügen. Suppe mit dem Küchenmixer pürieren, mit Salz und Pfeffer würzen und mit wenig Muskat abschmecken.
Kartoffelhülle warm stellen, Suppe einfüllen und mit fein gezupften Kräutern garnieren.

Meine Tipps für Sie:
Zur weiteren Verfeinerung eignen sich Streifen von Schmackhaftem aus dem Rauch.
Hier meine Vorschläge:
Lachs oder Aal
Schinken
Spickgansbrust
Gebratene Würstchenscheiben.
Auch die Blüten von Majoran, Thymian und Schnittlauch sind dekorativ und wohlschmeckend.
Mit mild gesalzenem Kartoffelwasser oder Gemüsefond angesetzt, kann diese Suppe auch in der vegetarischen Küche zum Einsatz kommen.

Mönchguter Fischeintopf mit Filets aus Bodden und Ostsee

Zutaten für 4 Personen

Fischeintopf
400 g Ostseedorsch
400 g Boddenbarsch
400 g Boddenzander
200 g Ostseelachsfilet
400 g Gartengemüse nach eigenem Gusto
200 g kleine Kartoffeln
5 cl Weißwein
frischer Dill
frische Petersilie
Lorbeer
Salz
Piment
Pfefferkörner

FISCHEINTOPF

Die Fische putzen, säubern, waschen und filetieren. Gräten mit geputztem Wurzelwerk, dem Wein und den Stielen von Petersilie und Dill langsam 30 Minuten köcheln.
Dabei die Gewürze nach 20 Minuten hinzugeben. Fischbrühe durch ein Tuch passieren. In diese Brühe, zeitversetzt nach Garzeit und Beschaffenheit, die Gartengemüse einlegen und recht vorsichtig garen. Fischfilets in Würfel schneiden und in der nochmals gewürzten Brühe gar ziehen. Die kleinen Kartoffeln als Pellkartoffeln garen und gepellt mit den Filetwürfeln mit in die Brühe geben.

ANRICHTEN

Eintopf im heißen Teller gefällig anrichten und mit Dill und Petersilie vollenden.

Mein Tipp für Sie:
In der Fischbrühe keine Köpfe mitkochen. Sie machen den Fond trüb.

Gefüllter Gänsehals auf Himmel und Erde: „Rügens Antwort auf den Pfälzer Saumagen"

Zutaten für 4 Personen

Gänsehals
1-2 Gänsehälse, je nach Größe
60 ml Pflanzenöl
250 g Gänsekeulenfleisch ohne Haut
150 ml süße Sahne
20 g weißes Semmelmehl
1 Eigelb
50 g gepökelte und geräucherte Gänsebrust
70 g feine Gemüsewürfel von Zwiebel, Karotte, Sellerie
2 Gänsemägen
1/2 l Rotwein
1/2 Bund Schnittlauch
Salz
Pfeffer aus der Mühle
Muskatnuss
Thymian
Majoran

Gänsejus
laut Rezeptur für Demiglace auf S. 94 aus Geflügel- und Gänseklein herstellen

Himmel und Erde
500 g mehlig kochende Kartoffeln
300 g Äpfel (Boskop)
80 g Butter
Salz
weißer Pfeffer aus der Mühle
Mukatnuss, Zucker

GEFÜLLTER GÄNSEHALS

Den Gänsehals gründlich waschen, von Feder- und Fettresten befreien und trocken tupfen. Das Gänsemagenfleisch von der Haut schneiden, diese Fleischstücke im Rotwein weich kochen und darin auch erkalten lassen. Vom Keulenfleisch und der Sahne mit Hilfe eines Elektromixers eine Farce herstellen. Die feinen Gemüsewürfel blanchieren und in Eiswasser abschrecken. Die Gänsebrust und die gekochten Mägen in feine Würfel schneiden und den Schnittlauch in feine Röllchen. Diese Zutaten mit Eigelb und Semmelmehl unter die Farce heben und mit den Gewürzen abschmecken. Nun den Gänsehals auf einer Seite mit Wurstband abbinden, mit der Farce nicht zu stramm füllen und die Gegenseite ebenfalls mit dem Band verschließen. Diese Gänsehalswürste in heißem Fett langsam allseitig goldgelb braten und je nach Kaliber 30-45 Minuten bei 150 °C im Ofen braten und anschließend ruhen lassen.

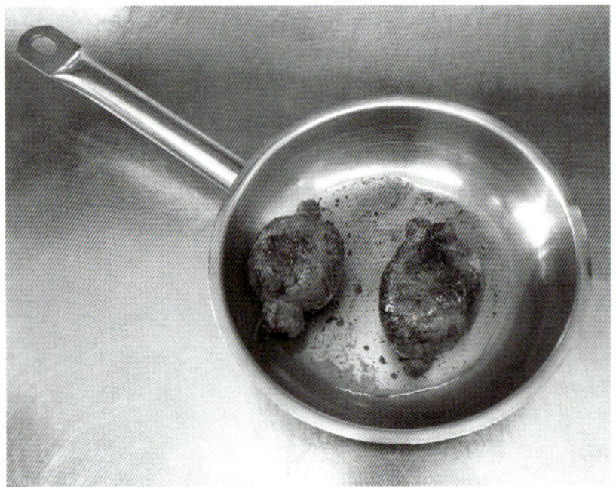

HIMMEL UND ERDE

Kartoffeln schälen und grob geschnitten in Salzwasser kochen, etwas später die geschälten Apfelstücke hinzufügen und weich kochen. Den Kochfond gut abgießen und die Butter flockenweise hinzugeben, mit dem Schneebesen unter Hinzugabe der Gewürze zu einem Brei verrühren und abschmecken.

ANRICHTEN

Den Gänsehals in Scheiben schneiden und auf Himmel und Erde anrichten. Mit kleinen Salzkartoffeln und glacierten Apfelspalten garnieren und mit Gänsejus vollenden.

Meine Tipps für Sie:
Beim Braten den Gänsehals vorsichtig mit einer sehr spitzen Nadel anstechen. Auf diese Weise kann das Fett austreten, ohne dass der Hals aufreißt. Während des Bratens immer wieder mit Bratensatz überziehen. Dieses Glacieren verbessert Aussehen und Geschmack.
Das Weichkochen von Geflügelmägen in Rotwein ist ein Trick meines Lehrmeisters. Sie dienten bei der Herstellung von Pasteten als optischer Trüffelersatz.

Wildkessel & Kräutersamenbrot

Zutaten für 4 Personen

Wildkessel
1,2 kg Wildschulter oder -keule
100 ml Pflanzenöl
1 kg Zwiebeln
1 EL Tomatenmark
0,3 l Rotwein
1 l brauner Saucenfond
(siehe Grundrezepte S. 94)
1 EL Preiselbeergelee
Salz
schwarzer Pfeffer aus der Mühle
3 Wacholderbeeren
1 Lorbeerblatt
1 Thymianzweig
300 g kleine Champignons
30 g Butter
200 g Kartoffelwürfel
1/2 Bund Zwiebellauch

Kräutersamenbrot
300 g Weizenmehl
350 ml Wasser
10 g Salz
3 g Zucker
2 Päckchen Trockenhefe
20 ml gutes, kalt gepresstes Öl
20 g Dillsamen
10 g Sesamsamen
10 g Leinsamen
10 ml Kräuteröl

WILDKESSEL

Das Fleisch von starken Sehnen befreien und in 2 cm große Würfel schneiden. In heißem Öl von allen Seiten kräftig anbraten. Zwiebeln in Würfel oder Streifen schneiden, zu den krossen Fleischwürfeln geben und braun rösten. Nun das mit Rotwein verrührte Tomatenmark schrittweise zufügen und braun schwitzen. Mit dem braunen Saucenfond auffüllen und Gewürze zugeben. Am besten abgedeckt in der Röhre garen. Wenn das Fleisch fast weich ist, die rohen Kartoffelwürfel zugeben und alles langsam köcheln lassen. Die Kartoffeln sorgen für die Bindung. Zum Schluss die in beliebige Form geschnittenen Champignons in Butter anbraten und in den Wildkessel geben. Abschmecken und mit Zwiebellauchröllchen garnieren.

KRÄUTERSAMENBROT

Mehl, Salz, Zucker, Trockenhefe und Kräutersamen in einer Schüssel miteinander vermengen. Das warme Wasser und das Öl mit den anderen Zutaten zu einem Teig verkneten. Nun den Teig mit Mehl bestäuben und bis zum dreifachen Volumen, mit einem Tuch abgedeckt, gehen lassen. Den Teig durchkneten und 2 lange Brotlaibe formen, auf Backpapier legen, mehrmals einschneiden und nochmals abgedeckt gehen lassen, bis die Einschnitte durch das Treiben glatt gezogen sind. Bei 180 °C 30 Minuten backen, aus dem Ofen nehmen und, noch heiß, mit Kräuteröl bestreichen.

Meine Tipps für Sie:
Benutzen Sie für den Wildkessel einen flachen Topf mit Deckel.
Mischen Sie kein Keulen- und Schulterfleisch. Keulenfleisch ist bei gleicher Reife zarter und deshalb früher gar.
Champignons lassen sich mit allen anderen Pilzen austauschen.

In Putbus beim Jäger Dieter Gasnik

Filet vom Boddenbarsch auf Schwarzwurzeln mit weißer Zwiebelsauce

Zutaten für 4 Personen

Fisch
4 Portionsbarsche
50 ml Öl
80 g Mehl
weißer Pfeffer aus der Mühle
Salz
ein Thymianzweig

Sauce
60 g Butter
100 g Zwiebelwürfel
50 g Mehl
200 ml Fond vom Barsch
(siehe Grundrezepte S. 94)
200 ml Weißwein
200 ml Sahne
Salz
Zucker
weißer Pfeffer aus der Mühle

Gemüse
1 kg Schwarzwurzeln
60 g Butter
Salz
weißer Pfeffer aus der Mühle
1/2 Bund Schnittlauch

FISCH
Die Fische schuppen, filetieren und sorgfältig entgräten. In diesem Fall wird der Fisch auf der Haut gebraten. Filet portionieren, würzen und nach dem Bemehlen sofort von beiden Seiten goldgelb anbraten.

ZWIEBELSAUCE
Zwiebelwürfel in der Butter glasig schwitzen, mit Mehl anstäuben und ohne Farbe gut durchschwitzen lassen. Mit dem Fischfond und dem Weißwein glatt rühren. Sahne zugeben, würzen und 1/2 Stunde bei mäßiger Hitze köcheln lassen. Mit dem Stabmixer pürieren und abschmecken.

SCHWARZWURZELN
Schwarzwurzeln 30 Minuten wässern und mit der Bürste reinigen. Unter Verwendung von Gummihandschuhen schälen und, um ein Braunwerden zu verhindern, in leichtes Essigwasser legen. Schwarzwurzeln in Scheiben schneiden, blanchieren und in Eiswasser abschrecken. In zerlassener Butter anschwenken, würzen und mit Schnittlauchröllchen vollenden.

Meine Tipps für Sie:
Als Beilage eignen sich Salzkartoffeln oder Bratkartoffeln.
Wenn Sie Saucen auf der Basis von Mehlschwitzen herstellen, sollte entweder die Schwitze oder der Fond abgekühlt sein. Nur so erhalten Sie beim Glattrühren und Auffüllen eine samtige Sauce.

Wildlachsfilet „kross"
mit Tomaten-Basilikum-Confit und Limetten-Safran-Risotto

Zutaten für 4 Personen

Lachs
240 g Lachsrückenfilet
30 ml Olivenöl
4 Blatt Brickteig
oder Reispapier
4 Thymianzweige
4 Blatt Petersilie
50 g Pflanzenöl
1 Eiweiß, Salz
weißer Pfeffer aus der Mühle

Tomatenconfit
50 g Tomatenkonfitüre
1 große Strauchtomate
10 Blätter Basilikum

Limetten-Safran-Risotto
30 g Schalottenwürfel
20 ml Olivenöl
120 g Risottoreis
50 ml Weißwein
1 Limette
400 ml Geflügelfond
10 g Butter
0,1 g Safranfäden

Weißer Tomatenschaum
50 g feine Zwiebelwürfel
50 g Butter
150 ml weißer Tomatensaft
(aus 300 g Tomaten)
50 g Crème fraîche
weißer Pfeffer aus der Mühle
Zucker, Salz

LACHSFILET „KROSS"
Lachsfilet in 4 gleich große Stücke portionieren, würzen und von beiden Seiten anbraten. Je einen Thymianzweig kurz mit anbraten. Die Teigblätter mit Eiweiß bestreichen und den abgekühlten Fisch mit dem aufgelegten Thymianzweig darin einschlagen. Nach Geschmack kann man auch andere Kräuter mit dem Fisch zusammen einschlagen. Die so vorbereiteten Fischpäckchen werden erst unmittelbar vor dem Anrichten „kross" in der Pfanne mit Öl gebraten.

TOMATENCONFIT
Als leckere Zugabe verwende ich die Tomatenkonfitüre meiner Frau, die mit Tomatenwürfeln und Basilikumstreifen angereichert wird.

WEISSER TOMATENSCHAUM
Tomaten grob schneiden, mixen und über Nacht durch ein mit einem Tuch ausgelegtes Sieb abtropfen lassen.
Zwiebelwürfel in der zerlassenen Butter glasig dünsten und mit dem weißen Tomatensaft ablöschen. Köcheln lassen, Crème fraîche und Gewürze hinzufügen und mit dem Stabmixer glatt und schaumig mixen.

LIMETTEN-SAFRAN-RISOTTO
Die Schalottenwürfel in Olivenöl glasig dünsten. Reis einstreuen und rühren, bis auch er glasig ist. Mit Weißwein und Limettensaft ablöschen und unter Rühren reduzieren lassen. Mit Salz würzen, einen Teil des warmen Geflügelfonds zugeben und weiter reduzieren lassen. Dabei immer weiterrühren. Diesen Vorgang wiederholen, bis das Risotto sowohl von kerniger als auch von cremiger Konsistenz ist. Butter und Limettenfilets oder wenig geriebene Limettenschale beim Abschmecken hinzufügen.

Mein Tipp für Sie:
Mit diesem Gericht und einem trockenen Glas Rosé kommt selbst im tiefsten Winter Sommer-Feeling in die Küche.

Geschmortes von der Wildkeule mit Shii-Take-Pilzen und Kartoffelklößchen

Zutaten für 4 Personen

Fleisch
800 g Keulenfleisch vom Reh, Hirsch oder Wildschwein
400 g Wildknochen
30 ml Öl
50 g Möhren
50 g Sellerie
150 g Zwiebeln
1 TL Tomatenmark
500 ml Rotwein
500 ml Brühe oder Fond
Salz, Pfeffer aus der Mühle
Wacholderbeeren
1 EL dunkle Konfitüre oder Gelee
Kartoffelstärke

Pilze
400 g Shii-Take-Pilze
20 g Öl
30 g Butter
Salz, Pfeffer aus der Mühle

Kartoffelklößchen
500 g Kartoffeln, fest kochend
2 Eigelb
50 g Kartoffelstärke
100 g Weizenmehl
Salz
Muskat
weißer Pfeffer aus der Mühle
1 Scheibe Toastbrot
20 g Butter

GESCHMORTE WILDKEULE

Das Fleisch in 60-70 g große Stücke portionieren. Man plant für jede Person 3 Stücke. Das Fleisch würzen und in heißem Öl kräftig anbraten und aus der Pfanne nehmen. Die Knochen in dem Fett rösten, nach und nach das Röstgemüse hinzugeben. Später das Tomatenmark zufügen und braun rösten. Mit Rotwein ablöschen, mit der Brühe auffüllen und würzen. Die gebratenen Fleischstücke wieder mit in die Pfanne geben und zugedeckt in der vorgeheizten Ofenröhre schmoren. Dies dauert, je nach Fleischbeschaffenheit, 1-2 Stunden. Die zarten Fleischstücke aus der Sauce nehmen und zugedeckt in der Röhre bei geringer Hitze bereitlegen. Die Sauce passieren und, wenn erforderlich, mit etwas in Wasser angerührter Kartoffelstärke binden.

KARTOFFELKLÖSSCHEN

Die Kartoffeln in der Schale kochen, pellen und noch heiß durch die Presse drücken. Sofort die Eigelbe und die Gewürze unter die Masse arbeiten. Mehl und Stärke nach und nach unterheben. Nicht zu lange rühren, sonst wird der Teig zu feucht und zäh. Den Toast in Würfel schneiden und mit der Butter zu Croûtons braten. Beim Formen der Kartoffelklößchen die Croûtons in die Mitte einarbeiten. Wasser zum Kochen bringen und die Klößchen hineingeben. Sobald sie aufschwimmen, den Topf von der Flamme nehmen und die Klößchen noch etwa 5 Minuten ziehen lassen.

SHII-TAKE-PILZE

Pilze in sehr heißem Öl anbraten und mehrmals schwenken. Erst am Ende des Bratvorgangs würzen, damit sie kein Wasser mehr ziehen können und dadurch zäh werden. Kurz vor dem Anrichten mit der Butter verfeinern.

ANRICHTEN

Pro Person 3 geschmorte Wildstücke in die Mitte der warmen Teller legen und mit Sauce großzügig überziehen. Die Kartoffelklößchen und die Pilze gefällig darum verteilen.

Meine Tipps für Sie:
Etwas Bitterschokolade gibt der Wildsauce ein ganz besonders intensives Aroma.
Zum Braten der Pilze empfehle ich, eine sehr heiße und große Pfanne zu wählen. Die Pilze sollten nie übereinander liegen.

Wildschweinrücken mit Pilzkruste, Rotweinsauce, entblättertem Rosenkohl und Semmelknödeln – die Mühe lohnt sich!

Zutaten für 4 Personen

Fleisch
500 g Rückenfilet vom jungen Tier
60 ml Pflanzenöl
Salz, Pfeffer aus der Mühle

Pilzkruste
80 g feines Semmelmehl
100 g Pilze, 50 g Schalotten
60 g Butter, 2 Eigelb
Salz, Pfeffer aus der Mühle

Rotweinsauce
4 Schalottenwürfel
30 g Butter, 0,3 l Rotwein
Salz, Pfeffer aus der Mühle
kalte Butterwürfel
200 ml Wildglace (siehe S. 94)

Rosenkohlblätter
600 g Rosenkohl
10 g Bauchspeck
20 g Butter, Salz, Muskat
weißer Pfeffer aus der Mühle
wenig Kümmel aus der Mühle

Semmelknödel
1/2 Toastbrot
50 ml Öl, 0,1 l Milch
50 g Zwiebelwürfel
50 g Butter, 2 Eier
20 g frische Kräuter
Salz, Muskat
weißer Pfeffer aus der Mühle
10 g Butter zum Anbraten

WILDSCHWEINRÜCKEN & PILZKRUSTE

Das Rückenfilet mit einem scharfen Messer von Fett und allen Sehnen befreien. Würzen, von allen Seiten „rosa" braten und ruhen lassen.
Schalottenwürfel mit den fein geschnittenen Pilzen in der Pfanne anschwitzen. Abkühlen lassen, mit den Eigelben und dem Semmelmehl zu einer Masse verrühren und mit Salz und Pfeffer abschmecken. Diese Masse gleichmäßig auf das Rückenfilet auftragen und im Ofen bei 160 °C überbacken.

ROTWEINSAUCE

Schalottenwürfel in Butter glasig schwitzen, mit Rotwein ablöschen und reduzieren lassen. Mit Wildglace auffüllen und kurze Zeit köcheln lassen. Abschmecken, passieren und mit kalter Butter binden.

ROSENKOHLBLÄTTER

Rosenkohl putzen und die Blätter vorsichtig lösen, bis nur noch kleine Kugeln übrig bleiben. Die Blätter und Kugeln im Salzwasser knackig blanchieren und in Eiswasser abschrecken. Bauchspeck in feine Würfel schneiden und in der Pfanne auslassen. Den Rosenkohl hinzufügen, würzen, mit Butter abflocken und anschwenken.

SEMMELKNÖDEL

Toastbrot in 1 cm große Würfel schneiden und die Hälfte in Öl zu goldgelben Croûtons anbraten. In einer Schüssel alle Brotwürfel vermengen und mit heißer Milch überbrühen. Zwiebelwürfel in Butter glasig dünsten und zur Knödelmasse geben. Eier mit Gewürzen sowie fein gehackten Kräutern verquirlen und hinzufügen. Alle Zutaten zu einem Teig verrühren, zu Klößchen formen und in Salzwasser gar ziehen. Vor dem Anrichten in zerlassener Butter anschwenken.

ANRICHTEN

Rückenfilet in gleich große Stücke tranchieren. Mit Rosenkohl und den Klößchen auf warmen Tellern gefällig anrichten. Ansaucieren und als Höhepunkt mit glacierten Scheiben von schwarzen Walnüssen garnieren.

Meine Tipps für Sie:
Heißer, reduzierter Rosenkohlfond, mit etwas Butter aufgemixt, kann als Schaum dieses Gericht abrunden. Wenn Sie beim Formen der Klößchen etwas Stärkepuder verwenden, klebt nichts an den Händen und die Klößchen behalten ihre Form. Die aufwändige Herstellung von schwarzen Walnüssen verrate ich in meinem nächsten Kochbuch.

Crépinette von Fasan & Perlhuhn
mit Portweinsauce, gebratenen Austernpilzen und Kartoffelnudeln

Zutaten für 4 Personen

Farce
200 g ausgelöstes Keulenfleisch
200 g süße Sahne
Salz
weißer Pfeffer aus der Mühle
Muskat

Crépinette
1 Fasan von ca. 1 kg
1 Perlhuhn von ca. 1 kg
1 Tomate
4 Blätter Spinat
Schweinenetz
Salz
weißer Pfeffer aus der Mühle
30 ml Pflanzenöl

Austernpilze
500 g Austernpilze
20 g Pflanzenöl
30 g Butter
Salz
weißer Pfeffer aus der Mühle

FARCE
Das Keulenfleisch vom Fasan und Perlhuhn wird durch den Wolf gelassen und im Verhältnis 1:1 mit 200 ml Sahne im Elektromixer unter Zugabe der Gewürze zu einer glatten und glänzenden Farce aufgemixt.

CRÉPINETTE
Die beiden Brustfilets vom Fasan und vom Perlhuhn auslösen, wobei die Haut nicht abgezogen wird. Die Filets auf die Hautseiten legen und mit Salz und Pfeffer würzen. Die Perlhuhnbrüste mit Farce bestreichen, mit Tomatenfilets und blanchiertem Blattspinat belegen und wiederum mit der Farce abdecken. Jetzt die Fasanenbrüste obenauf legen und die entstandenen beiden Crépinette mit Schweinenetz einwickeln. Die entstandenen Würste werden in der Pfanne mit Öl, auf der Verschluss-Seite zuerst, von allen Seiten angebraten. Danach ca. 12 Minuten bei 160 °C im Ofen weitergaren.

PORTWEINSAUCE
Demiglace laut Grundrezept auf S. 94 herstellen, dazu Knochen und Abschnitte von Fasan und Perlhuhn sowie 10 cl Portwein verwenden.

KARTOFFELNUDELN
Herstellung laut Rezeptur auf S. 22

AUSTERNPILZE
Die Pilze nach dem Waschen sorgfältig mit Küchenpapier abtupfen. Mit heißem Öl in der Pfanne braten und mit Butter abflocken. Erst zum Schluss würzen.

ANRICHTEN
Nachdem die Kartoffelnudeln goldbraun in Butter angebraten wurden, das Crépinette aufschneiden und mit Pilzen, Kartoffelnudeln und Sauce gefällig auf heißen Tellern anrichten.

Meine Tipps für Sie:
Wenn sie selbst gern Baumpilze sammeln, dann suchen sie Austernpilze an abgestorbenen Pappeln und Buchen und an sehr alten Holunderbäumen.
Das Schweinenetz sollten Sie bei Ihrem Metzger bestellen.

Austernpilze an der Steilküste

Sanddorncreme mit glacierten Zitrusfrüchten

Zutaten für 4 Personen

Sanddorncreme
0,2 l Milch
3 Eigelbe
100 g Zucker
1/2 Päckchen Vanillezucker
6 Blatt Gelatine
0,1 l Sanddornsaft
0,3 l Schlagsahne (steif geschlagen)

Zitrusfrüchte
200 g Zucker
200 ml Orangensaft, frisch gepresst
15 Zwergorangen (Kumquats)
5 Orangen

SANDDORNCREME

Die Milch mit dem Vanillezucker und der halben Menge des Zuckers aufkochen. In dieser Zeit die andere Hälfte des Zuckers mit den Eigelben im Anschlagkessel schaumig schlagen. Die heiße Milch zur Eigelb-Zuckermasse geben und mit dem Schneebesen glatt rühren. Diese Masse über einem Wasserbad zur „Rose" abziehen. Die in kaltem Wasser eingeweichte Gelatine ausdrücken und in die warme Masse geben. Sanddornsaft hinzugeben, glatt rühren und auf Eiswasser kalt rühren, bis die Creme anzieht. Nun zügig die Schlagsahne mit Hilfe des Schneebesens unterheben. Sofort in die vorbereiteten Formen geben, glatt streichen und 3 Stunden kalt stellen.

GLACIERTE ZITRUSFRÜCHTE

Den Orangensaft zum Kochen bringen, Zucker hinzufügen und bis zur Honigkonsistenz bei milder Hitze langsam einkochen. Die halbierten und entkernten Wildorangen in die Flüssigkeit geben und darin 3 Minuten köcheln. Vorsichtig kalt rühren, ohne die Früchte zu beschädigen. Aus Orangen Filets schneiden und zu den glacierten Früchten geben.

ANRICHTEN

Sanddorncreme auf kalte Teller stürzen und mit den Früchten wie gewünscht anrichten.

Mein Tipp für Sie:
Sanddornsaft bzw. -püree kann man auch leicht selbst herstellen. Frische Früchte waschen und im Mixer stark zerkleinern. Mit Hilfe einer Kelle durch ein feines Sieb passieren. In dekorativen Gläsern angerichtet und nett dekoriert, ist diese Creme auch ein schöner Blickfang.

Sanddornernte an der Ostsee

Demiglace – Basis für braune Jus, Fonds und Saucen – , Geflügelfond, Fischfond

Demiglace
2 kg Fleischknochen, klein gesägt
60 g Pflanzenöl
30 g Selleriewürfel
30 g Karottenwürfel
30 g Zwiebelwürfel
30 g Zwiebeln oder Lauch
1 EL Tomatenmark
1 Thymianzweig
Pfeffer
1/2 l Rotwein

Heller Geflügelfond
1 kg Geflügelklein
50 g Zwiebelwürfel
50 g Karottenwürfel
70 g Selleriewürfel
30 g Pflanzenöl
1 Lorbeerblatt
5 Pfefferkörner

Fischfond
100 g Schalottenwürfel
60 g Selleriewürfel
30 g Fenchelwürfel
1 Knoblauchzehe
100 ml Weißwein
1 Tomate
60 g Pflanzenöl
2 kg Fischgräten (nur von weißen Fischen)
1 Lorbeerblatt
5 Pfefferkörner
1 Thymianzweig

DEMIGLACE
Je nachdem, für welches Gericht man diesen Basisfond herstellen möchte, verwendet man Knochen vom Lamm, Wild, Geflügel, Schwein, Rind oder Kalb. Die Knochen im Topf mit heißem Öl kräftig anrösten. Gemüse nacheinander zugeben und mitrösten. Tomatenmark hinzufügen und alles unter Rühren solange rösten, bis sich das Tomatenmark bräunlich verfärbt. Nun schrittweise mit Rotwein ablöschen, bis die gewünschte Farbe erreicht ist. Gemüse hinzufügen und mit Wasser auffüllen, so dass die Knochen bedeckt sind. Ca. 3 Stunden köcheln, dabei abschäumen und entfetten. Ein längerer Einkochvorgang bewirkt eine kräftigere Farbe und einen intensiveren Geschmack. Durch ein mit einem Tuch ausgelegtes Sieb passieren.
Meine Tipps für Sie: Verwenden Sie einen großen, flachen Topf, um den Röstvorgang zu intensivieren und zu beschleunigen. Stellt man die Demiglace aus Kalbsknochen her, kann man sie universell verwenden.
Meine Demiglace erhalten Sie auch über www.villa-mit-sonnenhof.de.

GEFLÜGELFOND
Die Geflügelteile im Öl nur hellbraun anbraten, die grob gewürfelten Gemüse dazugeben und mitdünsten, ohne dass sie Farbe nehmen. Mit kaltem Wasser auffüllen, bis alles leicht bedeckt ist. Aufkochen und mehrmals abschäumen. Gewürze zugeben und den Fond 2 Stunden bei milder Hitze leicht köcheln lassen. Durch ein feines Sieb oder Tuch seien und, wenn gewünscht, noch etwas einkochen (reduzieren).
Mein Tipp für Sie: Geflügel vom Bauernhof bringt nach wie vor den besten Geschmack in Ihre Brühe.

FISCHFOND
Die fein geschnittenen Gemüsewürfel im Öl anschwitzen und mit Wein ablöschen. Die klein geschnittenen Fischgräten zusammen mit Knoblauch und Tomate dazugeben und mit Wasser auffüllen, so dass die Gräten leicht bedeckt sind. Aufkochen lassen und mehrmals abschäumen. 15 Minuten bei milder Hitze leicht köcheln lassen, Gewürze und Kräuter hinzufügen und 15 Minuten ziehen lassen. Durch ein feines Sieb oder Tuch passieren und, wenn gewünscht, noch etwas einkochen (reduzieren).
Mein Tipp für Sie: Verwenden Sie niemals Gräten oder Abschnitte vom Lachs für Fischfond, Suppe oder Sauce. Sie erzeugen einen tranigen, dumpfen Geschmack.

DER KOCH
Peter Knobloch wurde am 20. März 1954 in Karl-Marx-Stadt, dem heutigen Chemnitz, geboren. Von 1972 bis 1974 absolvierte er seine Kochlehre im Hotel „Haus Sonne“ am Neuen Markt in Rostock, danach fuhr er 5 Jahre als Küchenchef zur See. Zwischen 1978 und 1980 qualifizierte er sich zum Küchenmeister, ab 1985 studierte er 4 Jahre Ökonomiepädagogik an der Fachschule in Aschersleben. In der Zeit von 1978 bis 1989 bildete er die Kochlehrlinge im Hotel „Haus Sonne“ aus. Seit 1989 war und ist er Küchenchef in den besten Häusern der Insel Rügen, daneben absolvierte er mehrere Praktika im Sternerestaurant „Landhaus Scherrer“ in Hamburg und befasste sich intensiv mit meisterlicher französischer und italienischer Küche an der Bavaria-Hotelfachschule in Altötting.
Außerdem wurde er 1991 Vorsitzender der Prüfungskommission Köche auf der Insel Rügen und Mitglied der Prüfungskommission zum Küchenmeister. Seit 1998 gibt er sein Wissen als Lehrer an der Berufsschule in Sassnitz auf Rügen an zukünftige Köche weiter. Er ist Gründungsmitglied des Vereins „Festtafel Mecklenburg-Vorpommern“.
Ab 1990 erhält Peter Knobloch sehr gute Bewertungen in allen einschlägigen Gourmetführern, 2004 wird er vom Gault Millau zum besten Koch des Bundeslandes gekürt.
Seine Erkenntnis: Ein guter Koch muss eben kochen.

Im Garten der Villa mit Sonnenhof

DIE MUSE
Christina Knobloch – über sie sagt Peter Knobloch: „Meine Frau ist meine Muse, die mir immer wieder neue Kraft gibt, mich inspiriert und stets an mich glaubt. Auch beruflich gehen wir gemeinsame Wege. Sie ist es, die den Gästen meine Kreationen offeriert und die Seele unseres Hauses ist. Bei der Gestaltung dieses ersten eigenen Buches hat sie mich tatkräftig unterstützt. Manch schöner Satz stammt aus ihrer Feder und ich habe sie darum gebeten, die Einleitungen für die Jahreszeiten zu schreiben.“

DIE DESIGNERIN
Kathrin Grünke begann nach dem Architekturstudium, sich intensiv mit Fayencen zu beschäftigen und entwickelte die Nutzkunstwerke der NARRENKERAMIK (www.narrenkeramik.de). Sie hat ihre Atelier- und Galerieräume in Binz, die Arbeiten mit ihren Dekoren sind international bekannt. Seit 1998 arbeitet sie auch als Designerin für die Glas- und Porzellanindustrie und entwickelte eigene Dekorkonzeptionen.
Das Tafelgeschirr in diesem Buch wurde von ihr exklusiv für Peter Knobloch auf Arzberg Porzellan im Frühjahr 2002 angefertigt, es besteht aus 180 unikaten Teilen.

DER FOTOGRAF
Lutz Grünke lebt auf der Insel Rügen. Er arbeitet hier als Fotograf für zahlreiche Publikationen und Verlage sowie als Grafikdesigner. Für dieses Kochbuch hat er sein Studio in die Küche von Peter Knobloch verlegt, um so dicht wie möglich am täglichen Entstehungsprozeß zu arbeiten und die authentische Ehrlichkeit zu erleben. Sämtliche Gerichte fotografierte er so, wie sie dem Gast serviert werden – ohne jegliche Tricks. Sie waren nicht nur optisch sondern auch kulinarisch überaus verführerisch.

Die Rezepte